单元整体规划下的灵动课堂

初中数学教研及教学案例

徐颖 著

上海社会科学院出版社
SHANGHAI ACADEMY OF SOCIAL SCIENCES PRESS

图书在版编目(CIP)数据

单元整体规划下的灵动课堂：初中数学教研及教学案例 / 徐颖著. —上海：上海社会科学院出版社，2022

ISBN 978-7-5520-3580-3

Ⅰ.①单… Ⅱ.①徐… Ⅲ.①中学数学课—课堂教学—教学研究—初中 Ⅳ.①G633.602

中国版本图书馆 CIP 数据核字(2022)第 151349 号

单元整体规划下的灵动课堂——初中数学教研及教学案例

著　　者：徐　颖
责任编辑：路　晓
封面设计：徐　蓉
出版发行：上海社会科学院出版社
　　　　　　上海顺昌路 622 号　邮编 200025
　　　　　　电话总机 021-63315947　销售热线 021-53063735
　　　　　　http://www.sassp.cn　E-mail：sassp@sassp.cn
照　　排：上海碧悦制版有限公司
印　　刷：上海天地海设计印刷有限公司
开　　本：710 毫米×1010 毫米　1/16
印　　张：13.25
字　　数：232 千字
版　　次：2022 年 10 月第 1 版　2022 年 10 月第 1 次印刷

ISBN 978-7-5520-3580-3/G·1202　　　　　　　　　　定价：66.00 元

版权所有　翻印必究

"悦行文库"系列教育丛书
编审委员会

主　任　陈　强

副主任　严国华

编　委（按姓氏笔画为序）

　　　申　珊　朱爱忠　庄晓燕　孙海洪　邱烨红

　　　张立敏　赵国雯　胡　军　钟　岩　徐　兰

前　言

"悦行文库"是浦东新区为优秀教师领读者和共读团队出版高质量的"书香校园"教师读书成果而设立的一个项目。通过"悦行文库"的编辑出版，形成有品位的、能多方面反映浦东"书香校园"建设成果的系列教育丛书。

为贯彻落实2019年全国教育大会关于"建设社会主义现代化强国，对教师队伍建设提出新的更高要求"的精神和上海市教委关于"探索建立'人人有团队'的教师团队发展机制"的要求，进一步营造书香浓郁的校园氛围，提升教师的专业素养和文化素养，培养"四有"好老师，近年来浦东新区教育工会持续开展以"悦行"为主题的"书香校园"浦东教师读书系列活动，涌现出了一批优秀的读书社团和主持人。

2017年，浦东新区教育工会邀请数位领衔教师，组建了学习共同体、教师勇气更新研习营、书香盈耳诵读会以及教师读书公号联盟四个区级读书组织，开展了为期一年的示范性读书社团建设活动，表彰了首批优秀主持人和领读者。

2018年，"悦行"读书社团在浦东大地上如雨后春笋一般迅速发展，共登记备案了16个跨校读书社团、75个校内读书社团，充分发挥了读书组织的引领和辐射作用，促进了学校以愉快阅读、提升自我为目标的"书香校园"建设。

自2019年以来，浦东新区教育工会继续大力推动"书香校园"建设，着力培育更多"悦行"读书社团（据不完全统计已经超过200个），发现与培育优秀的主持人，鼓励他们在本校内或不同学校之间建立教师共读小组，形成通过读书社团推动教师读书活动深入开展的良好局面。

通过三年努力，浦东新区已培育出一批优秀的"悦行"读书社团主持人，他们创造性地建立了各自社团的活动制度，围绕教育教学、课题研究、专业发展和兴趣爱好等方面开展丰富多彩的共读、领读、跟读、行读活动。主持人精心挑选适合小伙伴们的书籍，精心设计活动方案，投入了充足的时间，通过线上与线下相结合等多种方式推进读书活动。更难能可贵的是，部分社团主持人已经将共读和教改实践进行了有机整合，通过基于共读的教育教学改革和行动研究，积累了有价值、有品质的科研成果，能以点带面地反映浦东"书香校园"建设的深度和实效性。

为了更好地鼓励社团主持人继续在书香共读、读研合一的道路上探索前行,浦东新区教育工会与上海社会科学院出版社经过磋商,初步达成了为期三年的"悦行"社团教师读书活动专著出版合作计划,每年为有研究、有成果的优秀社团主持人出版一两本专著。我们相信,此举会有力地激励有追求、有毅力的优秀教师投身到"书香校园"的深度建设之中。一方面,促动优秀教师在专业成长方向上求精、求专;另一方面,带动更多的教师通过多读书、读好书,提升教师队伍的综合素质。系列专著的出版,将和上百个活跃在浦东"悦行"读书社团一起,共同营造浦东新区"书香校园""书香教师""书香教育"的美好明天。

"悦行文库"的推出,有利于树立学校和教师的研究典范,扩大浦东新区"书香校园"建设的社会影响力。丛书收录的著作内容广泛,涉及教育教学多个领域,我们相信能催生出一批有价值、有品质的科研成果。

由于我们的认识水平有限,加上时间仓促,"悦行文库"中难免会出现一些不足之处,恳请广大教育同仁批评指正。

编　者

2022 年 2 月

目　　录

第一章　略谈初中数学单元教学设计规划

第一节　初中数学单元教学设计的规划 …………………………… 003
　　一、初中数学单元教学设计规划的意义与原则 …………………… 003
　　二、初中数学单元教学设计规划的要点与过程 …………………… 005
　　三、初中数学学科单元的确定流程与划分 ………………………… 007
第二节　单元设计与课堂教学，从近到浸 ………………………… 011
　　一、关注学科教学设计的基础逻辑 ………………………………… 011
　　二、关注学科课堂教学的基本课型 ………………………………… 015
　　三、关注学科学习体验的活动规划 ………………………………… 016
　　四、关注学科目标评价的有效策略 ………………………………… 017

第二章　单元整体规划下的区域主题教研

第一节　初中数学学科主题教研活动策划方案
　　——以单元规划为基础，合理设计探究活动 …………………… 021
　　一、活动的背景和针对问题 ………………………………………… 021
　　二、活动的主题和期望目标 ………………………………………… 022

  三、活动的内容和基本流程 ································ 023

  四、活动的评估和跟进设计 ································ 026

第二节 初中数学学科主题教研活动实践案例 ···················· 030

  一、利用单元整体资源，优化数学学习活动 ···················· 030

  二、同课异构，列方程解应用题的教学研讨 ···················· 033

  三、关注几何教学中的思维"可视化"，提高几何复习效益 ········ 040

第三节 初中数学学科主题教研活动实践反思 ···················· 044

  一、基于初中起始年级学生学习规范养成的单元设计与实践 ······ 044

  二、提炼关键要点，改进初中数学单元教学设计主题教研 ········ 063

  三、同课异科、同课异教，错时整合，体现真实学习活动 ·········· 074

第三章 单元整体规划下的初中数学课堂

第一节 "单元"视角下的"三角形" ································ 083

  一、"分""合""联"：整体建构教学内容 ························ 083

  二、"单元"视角下的"三角形"教学设计案例 ·················· 089

第二节 "单元"视角下的乘法公式

  ——提炼共性，体现特征，促进知识结构整体化 ·············· 117

  一、分析教材，提炼共性 ···································· 117

  二、适当整合，制订方案 ···································· 119

  三、问题引领，细化活动 ···································· 120

第三节 "单元"视角下的基本图形 …………………………………… 123

  一、图形解构、方法拓展,发掘几何例题的内涵 …………………… 123

  二、精选、巧编例题与习题,帮助学生学会数学思维 ……………… 129

第四节 "单元"视角下的数学活动 …………………………………… 137

第四章 多彩灵动变化的数学课堂与杂谈

第一节 规范助力设计,技术赋能教学

  ——基于上海"空中课堂"初中数学学科的实践与反思 ………… 157

  一、明确定位,顶层设计,精心策划 …………………………………… 157

  二、行动跟进,实践生成,积累经验 …………………………………… 158

  三、应用反馈,反思改进,拓展研究 …………………………………… 164

第二节 在线教学,促进真正以学为中心的教与学的五环节生成 …… 165

  一、在线教学给教学带来的新挑战 …………………………………… 165

  二、在线教学对教学五环节的重构 …………………………………… 169

  三、混合教学与教研的感悟与反思 …………………………………… 173

第三节 混合式教研与教学的反思 …………………………………… 174

第四节 基于问题与情景的多样化教学 ……………………………… 183

主要参考文献 ……………………………………………………………… 198

后记 ………………………………………………………………………… 200

第一章

略谈初中数学

单元教学设计规划

最早接触单元设计是在2000年左右参加了一个教师培训项目，项目是"基于任务驱动的学习"。我在项目中的主要任务是设计一个"单元计划"(Unit Plan)，这也是第一次接触到"单元"这个词，在随后的教师教育技术2.0的教师培训项目中也不断出现"单元"这个词。在教学实践与教研推进的过程中，我理解的单元设计，也被称为整体设计，是建立在中观设计理念基础上的一种教学设计，在近年来已经成为教研与教学的热词，引发了广泛的关注。单元设计确实是教学与教研的一个很好的抓手，对促进教师教学设计、教学改进以及学生的学习力提升有很大的帮助。

第一节　初中数学单元教学设计的规划[①]

课程设计的范畴可以分为微观、中观、宏观三个层面。微观设计是指对单节课层面所进行的教学设计；宏观设计是指针对某一学科课程或整本教材进行的教学设计；中观设计是指介于课程与课时之间所展开的教学设计，通常是对课程单元或主题模块的设计。

单元教学设计就是教师在对学科教材进行完全的解读、剖析后，从一章或者一单元的角度出发将教学内容进行重组、整合，转化成符合学生实际的教学单元；根据章节或单元中不同知识点的需要及学生的特点，教师综合利用各种教学形式和教学策略，帮助学习者完成对一个相对完整的知识单元的学习。

中观层面的单元教学设计能使教师获得操控教学时空资源的较大自由度和优化教学方法的可能性，往下可以合理协调课时之间的教学逻辑，往上可以较好地兼顾课程整体目标和知识结构。

一、初中数学单元教学设计规划的意义与原则

（一）初中数学单元教学设计规划的意义

学科单元教学设计思想融合了当今教育研究的最新成果，体现了新课程改革的诸多新理念，学科单元教学设计的重要任务就是引导教师努力把课堂教学从传统的"教教材"真正转变为"用教材教"。

虽然，目前的初中数学教材是统一的，但不同学校的学生会呈现不同的总体学习特点或学习水平，不同的学生也会有不同的认知特点和学习需求。因此，实现这一目标的第一步就要引导教师强化"对象意识"，即充分关注所教的学生，将课改的理念真正转换到教学设计的实践工作中去并加以落实。单元的规划有助于改变过去以"内容"为单一视角考虑教学设计的惯性，也能有效遏止"想教什么就教什么，想怎么教就怎么教"的错误倾向，切实提升学科教学的科学品质，为课堂教学的丰富性和多样化创造重要的前提；让学校的数学教研组、备课组更有序地根据自身需求开展教学研

[①] 原文《初中数学单元教学设计规划策略》发表于《当代教育家》，2019(7)：6-10，有删改。

究,解决备课中的无序和缺乏逻辑等问题,切实提升学校备课组的备课活动品质。

(二)初中数学单元教学设计规划的原则

1 基于学科本质

各个学科的知识内容显然是不同的,但是在本质上对教学设计产生影响的,主要是在学科的总体目标上。

知识和能力结构应是本学科知识和能力内在的逻辑关系,而不完全是教材中的章节顺序。如果学科知识和能力结构框架过于复杂时,就先做出课程与单元之间的结构关系图,然后分别做出各单元的知识和能力结构框架图。

数学学科的单元规划教学内容是明线,思想方法是主线。

数学学科基本上是以教学设计的基本流程和要素进行的,但在设计的过程中要注意以下问题:以问题为教学的出发点;选择好数学问题;确定好活动形式;设计好探究活动,选择合理的教学模式;确定基本教学环节。

2 基于学校特色

各所学校之间的发展是不平衡的,在注意均衡发展的同时,也应该注意到学校本身的特色。有些学校依托各种研究课题、研究机构或者自行申请学校的研究课题,形成了一些具有本校特色的教学设计规范。

这样的具有学校特色的教学设计理念以及规范的形成有利于学校教研组的规范管理以及活动的有序进行,同时对于学校校本研修也是一个有力的抓手。

3 基于学生学习

关注学生的发展是本次基础教育课程改革的出发点与基本目标。《基础教育课程改革纲要(试行)》明确指出,中期教学过程中"教师应尊重学生的人格,关注个体差异,满足不同学生的学习需要,创设能引导学生主动参与的教育环境,激发学生的学习积极性,培养学生掌握和运用知识的态度和能力,使每个学生都能得到充分的发展"。同时,新课程标准也重视学生的个性化发展以及良好合作关系和习惯的养成。数学学科的单元规划需要保障活动性,凸显个性化学习。

4 基于教师特长

目前,国内对教学设计能力维度的划分,更多地体现了教师进行教学设计的特点。王玉江、陈秀珍将教师教学设计能力分为以下六个维度:分析教学任务的能力;分析教学对象的能力;设计教学目标的能力;选择教学策略的能力;选用教学媒体的能力;课堂教学设计评价的能力。

教师教学设计的主要任务是:从教材到学生,提供必要的技术支持;根据总目标分割出教学单元;领会本学科课程标准以及教材要求。

教学设计也要"以人为本",除了要关注学生的学以外,还要关注教师自身对于教学设计的实现度。

数学学科的单元规划需要注意发挥每位教师的主动性、创造性,同样的教学内容可以而且应该有不同的教学设计方案,充分展示教师的个性和教学的多样性。

二、初中数学单元教学设计规划的要点与过程

(一)初中数学学科单元设计规划的基本模块

作为学科教师,在实际教学中应该首先对自己所承担的课程进行总体设计,即进行课程教学设计,提出这门课程的目标体系,标出适合课堂教学的知识单元和适合学生自主学习(进行主题活动)的知识单元,然后分别进行基于课堂教学的设计(课堂教学设计)和基于主题活动的设计(自主学习教学设计)。只有这样,才能够根据教学内容的内在联系,科学地安排教学全过程,真正提高学科教学的质量。

单元教学设计根据课程标准规定的总教学目标,对教学内容和教学对象进行认真分析,在此基础上得出每个单元、章节(课)的教学目标和各知识点的学习目标,以及该课程的知识和能力结构框架,形成完整的目标体系;同时对所需教学资源和适合学生自主学习的知识单元提出建议。单元教学设计的优势在于打破了个别知识点之间的壁垒,不但关注如何让学习者掌握个别的知识点,同时也重视让学习者理解一章或是一个单元中各个知识点之间的内部联系。这种系统教学设计的方法,既帮助教师整体把握章和单元的教学内容与教学形式,也更方便学习者理清知识点之间的关系,形成体系更加完整、内容更加全面的知识结构。

在单元设计中,学习内容围绕主题进行组织,是主题及其专题作为知识情境脉络的有意义的组织;学习资源包括与主题相关的任何学习材料;学习活动构成了主题单元的学习过程,这些学习活动是多样的,并且鼓励学习者主动探究,鼓励学习者通过活动亲自体验知识的形成过程;学习的评价是多元的,以各过程的评价为主要形式,注重知识的理解与应用能力。

单元设计中的六大基本模块是：内容规划、单元目标、活动设计、作业设计、评价建议、教学资源。

这些模块之间并不具有固定的先后顺序，而是在单元设计的过程中互相牵制、互相协调并且同步改进，以达到效益最大化的目标。

按照实践经验的总结，这六大基本模块之间可能存在这样的相互关系（如图 1-1-1 所示）。

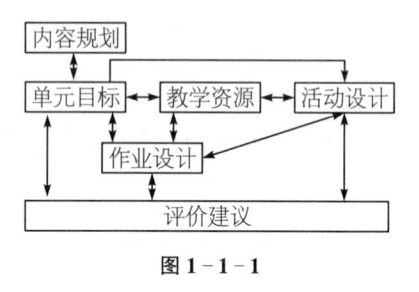

图 1-1-1

（二）初中数学学科单元设计规划的基本过程

教学过程设计可以从两个方面进行研究：一是过程层次，这个过程包括一门课程或一个单元乃至一节课或某个知识点。二是与过程相对应的教学设计层次，可以将顶层设计的理念贯穿在以下过程中：从课程设计到大单位（单元）设计再到细部（课堂教学）设计。

教学设计的流程在研究之初的设计中是一个有严格顺序的单向过程，因此在设计之初，我们也希望能够有一个流程可以进行控制，简单来说就是在完成了前一步的设计后才进入下一步的设计环节。而在研究的过程中我们发现，其实教学设计的流程并不是简单的单向的过程，而是具有以下特点：**教学设计的流程是可以多切入口的，教学设计的流程是可以循环改进的。**

举例来说，一开始，我们认为教学目标的设定是在任务分析完成之后就应该制定下来，之后能修改的，而在实践的过程中发现，在路径决策、细部谋划等环节设计的过程中，对于目标还是应该有所修正的。比如，在学生合作学习的设计中就应该体现出学生合作学习的目标，而这个目标的设计是需要在合作学习这一学习方式和环节设计时加以考虑的。

最重要的是，教学设计需要通过教学实施来验证，因此教学设计就是一个循环改进的过程(如图1-1-2所示)。

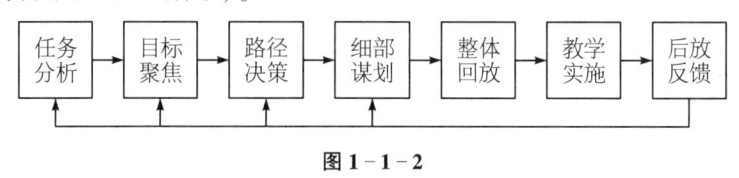

任务分析 → 目标聚焦 → 路径决策 → 细部谋划 → 整体回放 → 教学实施 → 后放反馈

图 1-1-2

三、初中数学学科单元的确定流程与划分

(一)初中数学学科单元的确定流程

初中数学学科单元确定(设计)主要有前期准备、开发设计、反思修改三大环节,具体涉及以下几个主要步骤:

①单元内容确定;②单元教学要素分析;③单元结构构建;④单元教学目标编制;⑤单元教学流程制定;⑥单元方案反思、修改;⑦相关评价、反馈。其中①、②属于前期准备环节,③、④、⑤属于开发设计环节,⑥属于反思修改环节,⑦贯穿始终。具体如图 1-1-3 所示。

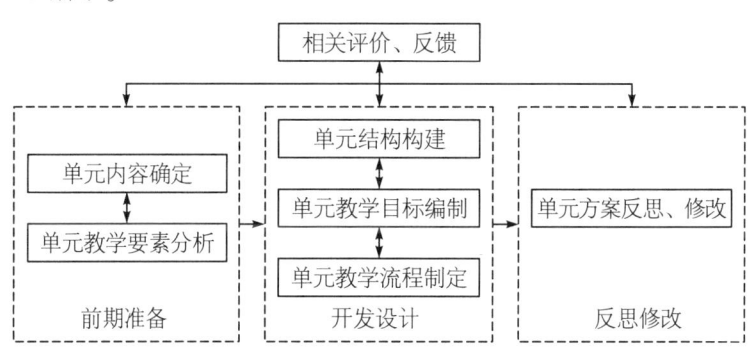

图 1-1-3

单元教学流程是在要素分析以及教学目标确定的基础上,教师通过划分教学阶段或课时,进一步细化课时教学方案,并针对教学内容选择教学策略、师生活动形式等形成单元教学方案(如图 1-1-4 所示):

图 1-1-4

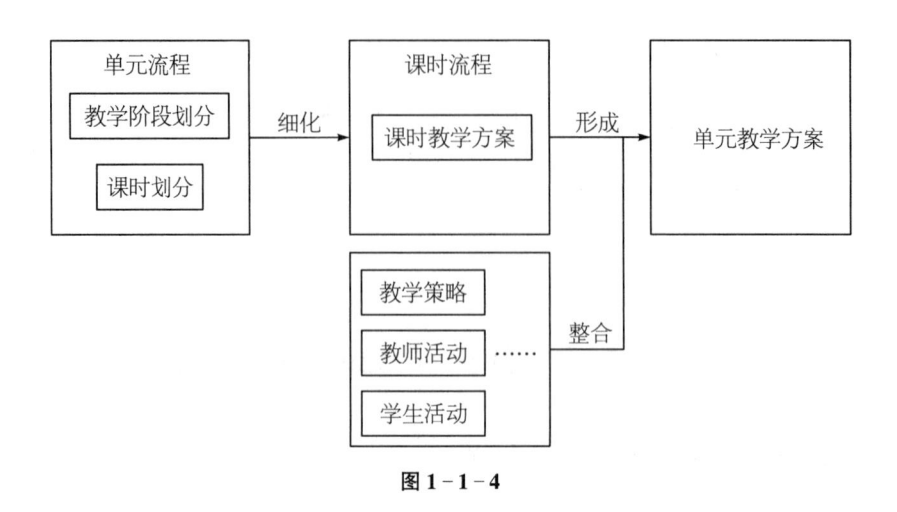

(二)初中数学学科单元的划分

1 按照单元的呈现重点划分

单元划分后,最终会呈现出一个比较明确的重点,这个重点可能是知识点、能力点或者问题串。按照这样的呈现重点,我们可以将单元划分为主题单元、能力单元以及专题单元。

(1)主题单元

单元的常见类型就是以数学概念或者核心数学知识为第一要素(主线)并以学科知识点之间的关联逻辑关系进行划分,主题结构相对比较清晰,这种单元类型被称为主题单元。

从目前的初中数学教材结构来看,基本上是按照不同知识点的相近关系由大到小为:册—章—节—小节。同一章的知识内容基本上是一致的,同时又将其更为相近的知识内容结合课时分为节以及小节。这样,在初中数学的主题单元确定上基本是可以按照教材本身的知识逻辑结构进行划分。

(2)能力单元

以能力表述为主设计的单元被称为能力单元,在初中数学的学科单元设计中,可以以数学思想方法或者学生学习形态作为能力单元设计的主线。

(3)专题单元

由一个单元问题作为引领,分解为几个相对独立的专题问题,用"问题探究""问题解决"为主线设计的单元,被称为专题单元。

2 按照单元的呈现形式划分

单元划分后,我们根据单元内的知识点、能力点或者专题问题之间的关系,又可以把单元呈现的形式划分为串联线性关系、并联线性关系、中心发散关系。为方便表述,以下统一用专题来表述单元的呈现形式。

(1) 线性串联式单元

单元内各个专题之间呈现一种递进的关系,从逻辑上看,各个专题之间具有比较明显的先后次序,必须前后依次展开,如图 1-1-5 所示。

——[专题 1]——[专题 2]——[专题 3]——[专题 4]——

图 1-1-5

这样的单元主要是由于单元内的数学概念以及核心数学知识之间所特有的逻辑关联造成的,很难做出先后次序上的调整,如果将教材中的一章直接作为单元的话,多数单元都属于这种情况。

(2) 线性并联式单元

单元内各个专题之间呈现一种并列的关系,从逻辑上看,各个专题之间没有严格的先后次序,基本上属于并列的关系,这样的单元内容在教材的各章中也比较常见。但是往往在这样的单元中,要么有一个统领性的问题或者概念,要么有一个总结性的结论或活动,也可能前后都有,如图 1-1-6 所示。

问题、概念

[专题 1] [专题 2] [专题 3] [专题 4]

结论、活动

图 1-1-6

(3) 中心发散式单元

数学需要呈现出核心的思想方法。有些单元有非常突出的中心问题或核心思想方法,在这样的单元中,单元内容的各个专题都围绕这个中心进行设计,各个专题之间相对比较独立,如图 1-1-7 所示。

```
专题1          专题4
      中心问题
专题2  核心思想方法  专题5
专题3          专题6
```

图 1-1-7

(三)初中数学学科单元确定的注意点

1 整体性

单元是建立在整体教学理念的基础上的,关注到学科知识点内部之间的关联、学科知识与其他学科和实际生活之间的关系以及学生学习的整体构建过程。

单元教学提供了学生完整学习需要的时间,师生不必匆匆忙忙地赶进度,可以在同步评价的基础上调整教与学的时间。单元教学让学生看到"森林"的时候也看到了"树木"。

2 独立性

将课程分解为单元组合之后,各个单元之间相对独立,在内容安排、目标确定、重难点呈现以及学习活动、教学策略、评价建议上各个单元可以独立成体系。

有些单元之间在数学知识或者思想方法上也可能有重叠,但是在各个不同的单元会具有不同的作用与地位,依然可以保持独立性。

3 逻辑性

单元的构成必须有逻辑性。

从各个单元之间的关系来看,鉴于整体性与独立性的特点,基本上可以用单元涵盖所有的课程、课标、教材中的知识内容。同时,由于数学学科本身所具有的较强逻辑性,部分内容处在关键的逻辑节点上,在单元设计中,这些关键节点在整体课程构建中的逻辑作用需要进行适当的分解与重点的体现,而整体的单元构建更有利于这种关键逻辑节点作用的发挥。

从单元内部来看,单元的构建是建立在数学学科知识结构以及学生认知心理的基础上的,单元内部的各项内容、活动、评价等都具有很强的逻辑性,因此我们在进行单元设计时需要构建单元结构。

单元结构的呈现并不唯一,可以是基本概念、基本方法的简单呈现,也可以同时将这些基本概念、基本方法之间的逻辑与互相依赖关系呈现出来。

4 操作性

在一个好的设计中,单元的确立以及专题的分解都是有一定的依据的,但是在实践中,每个课时的时间是有限定的,因此在单元的设计上必须考虑实践中的课时因素。

教师之间、学生之间也存在着一定的差异性。教师对于教学设计的实践性、学生对于学习内容的理解与接受都是影响教学设计实践的重要因素。

因此,教学设计必须根据实际的情况进行合理、有效的调整,其中先要完成的是在单元设计框架中的课时划分、目标分解以及相应教学活动的规划。

由于数学学科的特性,在每个阶段都会有一定的评价,因此在实践中,想要打破既定的单元设置是有一定的难度的。数学学科的主题单元多以教材本身设计的单元为蓝本,做适当的微调,或者在其中选择一定的内容设计一个小的单元。教师在新授课阶段就实施单元设计的教学实践。

第二节　单元设计与课堂教学,从近到浸[①]

从目前很多学校、教研组和教师的反馈情况来看,单元设计的理念是被比较广泛地接受的,但是基本上还处在"思想接近理念"的层面,从行动跟进与浸润教学的角度来看,还存在比较大的落差,希望可以有解决从"思想接近理念"到"行动跟进设计"再到"设计浸润教学"快速逐级转变的方法与策略。

一、关注学科教学设计的基础逻辑

以初中数学学科为例,教学设计重点关注四条逻辑线:数学学科的逻辑、资料(课标、教材)的逻辑、学生学习的逻辑、教师教学的逻辑。教学设计以"单元"为切入点,这个单元不仅是学科知识的整体划分,更重要的是可以充分体现出以上四大逻辑,而且为充分体现数学思想创设了很好的时间和空间。教学的逻辑浸润在数

---

① 原文发表于《星教师》,2021(02):81-84,有删改。

学、资料以及学习的三个逻辑之间,起到协调、沟通、串接的作用,也是教师主导的充分体现,在教学中需要重点呈现沟通单元与课堂、设计与实践的形式、内容、方法与策略。

(一)挖掘整体课程中的数学学科逻辑

在初中学段的数学课程中,函数是一个重要的学习内容。从总体课程目标来看,初中阶段需要理解函数的意义,理解一些特殊的函数,比如一次函数(正比例函数)、反比例函数和二次函数的概念,会画它们的图像并掌握从图像中得到的一些基本性质。虽然各个版本对于函数的定义以及特殊函数呈现的顺序之间存在一定的差异,但是从数学学科逻辑的角度,都关注到了从特殊到一般、从一般到特殊的思想以及数形结合的思想,那么这样一致的数学学科逻辑对于各个特殊函数的教学逻辑有了一定的指导性。这种教学的逻辑与函数各个单元如何划分关联不大,但是可以将其中一个单元的教学过程应用在各个特殊函数的单元教学中,实现单元设计向课堂教学的浸润。

比如,上海教育出版社(以下简称上教版)的数学课程将正比例函数与反比例函数两个特殊的函数放在了八年级上函数的概念学习之后,这样的安排主要是来自小学阶段的"成正比"与"成反比"这一对概念的认识。在整个单元中,针对正比例函数、反比例函数两个特殊的函数,基本上可以使用比较一致的教学流程:从实际问题中归纳出概念;在学习函数的过程中通过操作、观察、思考、归纳出函数的图像及其特征,用待定系数法确定函数解析式;基本应用等,同时,在整体的单元教学中,还需要关注从正比例函数、反比例函数之间知识的类比进而进行学习方法迁移的指导,并重点呈现数形结合的思想。而这样的教学流程和方法还可以迁移到八年级下的一次函数、九年级上的二次函数教学中。

同样地,针对人教版、华师版等不同版本的教材,我们也可以将整体课程呈现中的逻辑关系整理清楚,在各个不同的特殊函数之间找到数学的逻辑关联,以函数研究方法、学习方法以及与其他内容的联系构建起单元整体结构与联系,同时还可以形成各个单元之间的联系,让学生充分感受、体验以"数"定"形"、以"形"识"数",体会数形结合的数学思想。

(二)体现整册教材中的资料呈现逻辑

在单元设计中,可能会存在这样的误区,有些从数学学科角度应该在一个单元中的内容却不在一册教材中,也就是从教学的角度并不在一个学期内。比如,上面提到的函数部分内容,各个版本的教材中都会跨过三到四册的书,那么我们在做教学设计时,是不是需要将它们合并在一个单元中呢?显然,在实际的课堂教学中是不可能实现的,这就回归到单元设计需要考量的同册教材资料呈现以及体现的逻辑。

关于图形与几何部分的圆的内容,在二期课改的上教版教材中,分别在六年级和九年级中,其中圆与扇形在六年级上册中,在教材中的内容是按照这样的顺序编排的(如图 1-2-1 所示)。

圆的周长 ⇒ 弧长 ⇒ 圆的面积 ⇒ 扇形的面积

图 1-2-1

这样的编排逻辑是从图形的周长到面积,但是在教学中,弧长与扇形又很难完全分隔开,而学生往往会出现对于公式死记硬背的情况,完全不理解这些公式之间的关系。

在六年级上的《数学》教材中其实贯穿着一条主线,就是平均分之后,部分与整体的关系。由此,我们不妨把圆看作一个整体,圆的周长与圆的弧长、圆的面积与扇形的面积可以看作整体与部分的关系。这样一来,我们就可以将教学内容做出一定的调整(如图1-2-2所示)。

整体: 圆的周长 / 圆的面积 ⇔(关系2) 部分: 弧长 / 扇形的面积
关系1   关系3

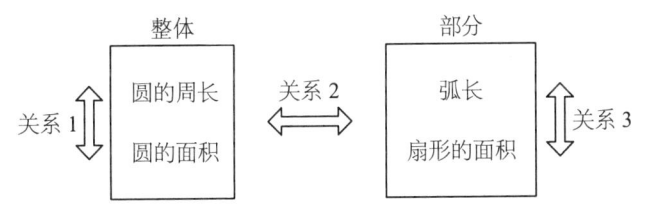

图 1-2-2

分别重点解决三个"关系",这样调整的优势在于更清楚地呈现出这几个数量之间的关系,同时这样的关系建立的过程可以更充分地调动学生的自主学习,而一旦学生通过自主学习和探究形成了对这些关系的认识之后,公式就不再需要死记硬背,可以通过互相之间的关系来推导,这个从学生学习的角度是更加有利的。

举出的这个例子是基于对于教材资源顺序的充分理解,结合整册教材的编写思想进行微调,更多的时候,我们需要从整册的角度对教材内容的"前""后"做出充分的理解,进行更加充分的设计,并且落实到课堂中。

(三)顺应整个单元中的学生学习逻辑

前面其实已经提到,学生在单元学习过程中,表现出来的对新知识学习过程以及旧认知的调用顺序都存在一定的差异,可能与课程、资源的逻辑都不是很一致,这就需要教师们充分地去了解学生的已有积累和获得新知的过程,还需要针对学生个体和班级群体分别进行分析,处理好群体和个体发展之间的关系,在单元设计中更多地关注到学生的自主学习获得。

类似于之前圆与扇形的单元内容顺序微调的例子很多,比较具有普遍性与代表性的是四边形单元。四边形这一单元,表面上看是以四边形为基本教学内容,但是实际上,从整体课程内容的角度,是以平行线和三角形的几何知识为基础,以四边形为研究对象,为学生进一步学习论证几何提供载体,是平行线和三角形知识的深化与运用。从学习内容的角度,对于前阶段几何知识学习基础比较好的学生来说,可能从内容上几乎没有新课,因此在学习目标的制定上,侧重于学生在自主学习基础上的应用。同时,对于作为研究对象的四边形,需要学生理解特殊四边形的性质与判定以及二者之间的关系。

在课堂教学中,需要有研究问题的长线,在本单元,需要从研究问题的角度、研究的内容以及研究的方法等方面在各个课时之间建立起一定的关联。比如,研究问题的角度,特殊四边形的性质是从边、角、对角线及对称性的角度进行研究,主要研究特殊四边形中这些量之间的特殊位置与数量关系;而对于特殊四边形的判定,虽然研究的角度基本相同,但是还需要关注判断特殊四边形的"起点"在哪里;同时,对于特殊四边形的性质与判定之间的关系也需要重点把握。

以平行四边形的判定为例,我们在教学中需要重点体现以下几点:

1 学习基础:平行四边形的性质有哪些?是从哪些角度进行研究的?这些性质的条件和结论分别是什么?

2 研究起点:(1)定义既是性质又是判定,平行四边形的定义中出现了几个量?研究的这些量之间是一种什么样的关系?(2)判定与性质是互逆命题的关系。

在这样的逻辑建构之下,平行四边形的判定在课堂教学中就将学生学习的起点搭建起来,学生可以在自己的知识与认知起点上开始进行探究。从实际教学的情况来看,学生多数不按照书本的顺序得到平行四边形的判定:由性质定理的逆命题分别从两组对边的数量关系、两组对角的数量关系以及两条对角线的位置关系得出三个命题,然后判断真假并证明,所得到的判定定理顺序与教材编写略有不同,但是,因为这三个定理与性质定理的互逆关系更直接,因此在教学中可以用一个问题、一种探究方法由学生得出。

而对于判定定理:如果一个四边形的一组对边平行且相等,那么这个四边形是平行四边形。从表面来看,这属于从边的角度来研究判定,而从学生自主探究的角度来看还是存在一定的困难的,需要教师适时、必要地引导:"判定都需要两个条件,边之间既有数量关系又有位置关系,两组对边分别的特殊数量关系或特殊位置关系都能判定一个四边形是平行四边形,那么……"课堂中这样的提问,对于学习能力比较好的学生来说是研究方式的一种启发,从实际来看,有学生会想到同一组对边既有特殊的位置关系又有特殊的数量关系,一组对边有特殊的位置关系而另一组对边有特殊的数量关系两种,再进行判断与证明,得到这一判定定理。

以上的教学处理,改变了教材中定理得出的顺序,通过问题引领、研究角度与方法指导的形式开展教学,在最后一个判定定理的推导过程中花费了比较多的力气,而用统一的方法简化了其他判定定理的教学过程。通过实施这样的教学策略,基本都由学生自主地进行探究学习并辅之以教师的适当指导,这对于学生正确理解与掌握平行四边形的判定是非常有利的。

二、关注学科课堂教学的基本课型

整体的单元设计中,"起始课"和"复习课"是两大难点,也是重点。解决好这两种课型中体现出来的研究数学的方法和思想是很关键的。

从基础的新课、习题课再到复习课,整体来说,单元教学设计的重点,一是把握单元教学设计中的整体性:知识点之间的联系、数学思想的连贯性;二是教学实践中着力改进引入、复习以及拓展环节,以体现出单元教学设计整体性的优势。

在新课中,最需要关注的是单元的起始课,主要的目标是让学生初步建立起对本单元知识的整体把握,重视学习方法的引导,渗透基本的研究方法,激发学生的学习兴趣,同时使整个单元的学习过程更加连贯。例如,在上教版教材一次函数单元的第一课时中,出示了一个预测实际生活中的沙漠化的例子,它是通过建立函数模型推算出来的。这样的推测对人们正确决策有积极意义。在这里做出预测的函数模型,就是本单元所要学习的一次函数。简洁明了的解读,既建立起了新的单元学习与前序学习之间的联系,又呈现出了本单元学习的重点内容。

复习课是几种课型里最难上的课,教师在设计的时候需要综合考虑多方面的因素,哪些是学生应该会但还没会的,哪些是学生自以为自己会了实际有偏差的,哪些是学生以为自己掌握了的结论但是实际忽略了过程的,还有哪些需要重点突出的地方以及选用或设计怎样的资源,等等。复习课不是简单的知识整理、方法罗列,而是一种学习的指引和对单元整体的再认识以及对后续学习的储备。

三、关注学科学习体验的活动规划

在关注基础课型的同时,我们也要关注到单元中的"探究、活动课"。对于单元中的拓展环节,从学生发展为本的角度出发,我们需要拓展的不仅仅是数学知识,更多的是一种学习的经历与体验。因此,设计一些探究活动,制定分类的活动目标,延展活动的空间与时间,教师与学生一起完成一项活动是很有意义的。

关于圆和扇形部分单元调整后,就对学生的操作实验活动提出了更高的要求:"通过操作实验获取直观经验,体验'化曲为直'与'无限逼近'的数学思想。"为了充分地进行操作实验,教师可以明确将实验要求放到课前预习的环节,学生分小组进行操作实验。然后学生在课堂上将前置学习中实验的过程在小组内交流展示,测量数据进行公布,目的是集体共享、学习互助,发展合作、表达与交流的能力。

四边形单元的复习小结,重点突出了"知识结构框图",同时教师在教材新课处理中,也重点突出了各个特殊四边形之间的关系,这也是这一单元教学目标中一个重点:要体现对知识之间的联系与区别的梳理。这样的"梳理"应该由学生来完成,是建立在学生理解的基础上的自主学习活动。教师需要设计这样的活动,在活动时间方面不仅仅局限在课堂上,还应该延展到课堂教学之外,由学生独立完成。同时,教师也需要加强贯穿在整个单元教学过程中的指导:抓住性质、判定;边、角、对角线、对称性;关系等等贯穿在整个单元教学中的关键词,同时,在有些课时比如矩形、菱形的性质与判定、正方形的性质与判定的新课教学中渗透"知识结构框图"中的一部分。从实践的情况来看,学生对于基本结构的梳理都可以完成,还有不少个性化的尝试,而教师要做的是要认真批阅每个学生的"知识结构框图"并指出其中的不足之处。虽然需要耗费不少的时间,但是由于是在课堂教学之外由学生自主完成的,因而所达到的效果比在课堂中用课件"放"一遍的效果好很多。

四、关注学科目标评价的有效策略

前文中,对于教学目标与学习目标也已经提及,其实对于单元设计来说,目标是最重要的,需要结合课程目标分解为年级的目标。在做单元设计的时候,教师需要在结合教材资源回溯课程目标的基础上,制定单元目标。

而实践中的难点其实在于如何将单元目标转化为课时目标,并且通过课时目标的"累积"与"叠加"重组为单元目标。从这点上看,目标既是设计的终点又是设计的起点。从逆向设计的三阶段看,课时目标主要有:确定预期结果、确定合适的评估证据、设计学习体验和教学。因此,在整个教学过程中,教师随时需要关注的是目标,并且及时地进行调整。

对于单元目标与课时目标的关系,可能也是实践中的一个困扰。从知识的维度来看,各个单元都有比较明确的要求与达成程度标准,那么转化为课时目标时,需要注意的是:

首先,并不是进行简单的独立目标分解,这主要是为了防止不同类目标的简单拆解以及教学要求中的分别达标。其实,对于单元目标来说,应该进行不同类目标的同层次逐级达标,并且逐层累加通过一个单元完整的学习达到最终的单元目标。简单来说,对于概念的"掌握"目标,可能需要经历从"了解"到"理解"再到"掌握"的过程,而非一蹴而就的。

其次,对于学习过程的目标设定,也需要在单元目标下进行分解,不同的课时划分、活动设计都会影响到学习过程目标的设定。

总之,目标分层分阶段的好处在于,教师在教学中不必急于求成,而应将一个知识与能力目标分阶段的达成分解到各个课时目标中,不仅仅是目标描述上的区分,更重要的是教学内容处理、教学方式选择、学习方式指导以及目标达成检测等都可以比较顺利地实施。

综上所述,单元设计在课前走近课堂,理念与设计的构思体现在课中与课后,浸润在整个教学五环节中,着力点在于充分的学情分析、完整的内容解读、充足的方法引领、充实的学习活动。

第二章
单元整体规划下的区域主题教研

在区域主题教研中,"基于中观教学理念的单元教学设计与实践"的想法起始于2007年,虽然其间经历过几次名称上的变化,但是关键词一直是"中观"与"单元设计"。自2011年起,在区级教研活动中我们开始以这两个关键词为主进行主题化的教研活动,其中自2013年起通过不断的反思与改进,形成了相对完整的初中阶段教研实践,并以一些小专题进行实证性的实践与反思。

例如:

教研主题:基于初中起始年级学生数学学习规范养成的单元教学设计与实践

专题:关注概念教学,提高课堂效益;

利用课本资源,提高学生阅读能力;

利用课堂提问,提高课堂效率;

基于单元教学设计的预习作业设计和评价;

促进基本思想、基本活动经验的学生活动设计与评价;

…………

教研主题:促进数学理解的教学设计与实践

专题:整合教学内容,促进公式的辨析;

改编教学流程,减少机械的记忆;

整体单元设计,重视学习的方法;

设计探究活动,提高学习的效能;

利用视频翻转,延展教学的空间;

…………

教研主题:深化"数学学科育人"的教学设计与实践

专题:利用单元内资源突出课时教学重点;

数学方法在学段大单元中合理串接;

…………

如何将教研活动与教师培训更有效地融合起来,一直是一个值得探索的问题。"协同研修活动"是建立在学科教研活动基础上的研修活动,需要有明确的主题,需要教师更多参与,对研修活动的组织者提出了新的更高的要求。浦东新区地域广、学校多、学生数量庞大,而地域差异、学校差异以及学生本身的差异造成了在浦东新区教学的难度比较大,教师需要关注一些共同点,然后再进行符合学校、教研组或者教师本人特色的研修。

第一节　初中数学学科主题教研活动策划方案[①]
——以单元规划为基础，合理设计探究活动

一、活动的背景和针对问题

我们的《数学》教材的每个章节后面都有一个探究活动或阅读材料，教学者在平时的教学中对这部分内容的使用并不是很充分，或者感觉与常规的教学内容关系并不是很密切而直接忽略了。

探究性学习是一种学生学习方式的根本改变，学生由过去主要听教师讲授，从学科的概念、规律开始学习的方式变为学生通过各种事实来发现概念和规律的方式。这种学习方式的中心是针对问题的探究活动。在学科领域内或现实生活情境中选取某个问题作为突破点，通过质疑、发现问题；调查研究、分析研讨，解决问题；表达与交流等探究学习活动，获得知识，掌握方法。

《国家中长期教育改革和发展规划纲要(2010—2020)》指出：育人为本是指以学生为主体，以教师为主导，充分发挥学生的主动性，把促进学生成长成才作为学校一切工作的出发点和落脚点；关心每个学生，促进每个学生主动地、生动活泼地发展；尊重教育规律和学生身心发展规律，为每个学生提供适合的教育。

单元教学设计就是教师在对学科教材进行完全的解读、剖析后，从一章或者一单元的角度出发将教学内容进行重组、整合，转化成符合学生实际的教学单元，根据章节或单元中不同知识点的需要及学生的特点，综合利用各种教学形式和教学策略，让学习者完成对一个相对完整的知识单元的学习。

从基础的新课、习题课再到复习课，整体来说，单元教学设计的重点在于单元问题的提出以及单元目标的分解。因此，这里我们主要提出了两点：一是单元教学设计中的整体性：知识点之间的联系、数学思想的连贯性；二是教学实践中着力改进引入、复习以及拓展环节，以体现出单元教学设计整体性的优势。

对于单元中的拓展环节，从学生发展为本的角度出发，需要拓展的不仅是数学的知识，更多的是一种学习的经历与体验。因此，设计一些探究活动，制定分类的活动

[①] 原文收录于《初心树桃李——2017年度上海市基础教育教研员专业发展评选成果集》(上海科技教育出版社)第114—121页，有删改。

目标,延展活动的空间与时间,教师与学生一起完成一项活动是很有意义的。

在单元规划的基础上,合理地对单元内的探究活动进行设计,包括课时内的探究活动以及单元内跨课时的探究活动,组织区域内的学科教师进行前期的规划、设计、实践尝试,选定主题集中进行研讨,帮助教师构建起探究活动设计的整体框架并加以思考,对于后续的类似设计做出合理化的建议。

二、活动的主题和期望目标

1 应对策略和基本思路

如何来处理和设计探究活动是建立在单元设计的基础上的,探究活动在单元中的地位和作用决定了活动的主题、活动目标、活动形式以及重点。探究活动的设计需要建立在学生已有知识、技能的基础上,侧重于应用活动的设计与开展。

在整体把握教材特点和理解编者意图的基础上,对教材内容进行自定义,加强对教材的二次开发,将教材作为教学的"素材"。同时,探究活动既可以作为一个独立的"课时",也可以是"课时"教学中的一部分,我们需要在教研活动中进行必要的设计指导与实践交流。

在一定的案例积累与研究的基础上,确定探究活动的设计可以侧重于以下几点:书本、教材内容的拓展;"工具性"的拓展;数学模型的问题构建等。从活动设计的角度来看,一个好的活动可以同时达到多个目标。

2 活动主题与参与对象

活动的主题确定为"以单元规划为基础 合理设计探究活动",活动时间为七年级第二学期,参与对象为浦东新区七年级数学教师。本次活动为"单元教学设计"为主线的主题教研活动的一部分。

3 活动目标和期望成果

以七年级第二学期的"三角形"单元作为案例的基础,在单元规划的基础上设计探究活动资源,并针对不同的探究活动资源进行前期的准备,总体构建起单元的探究活动资源并形成案例。

针对单元规划基础上的探究活动设计,形成一些可供参考与复制的规划方式,对于探究活动的实施有所裨益,可以形成有利于学生自主发展,促进学生学习动力指数提升的教学设计形式以及教学互动方式。

三、活动的内容和基本流程

一般而言,主题教研活动的基本流程如图 2-1-1 所示。

活动准备 → 活动实施 → 活动评价、反馈 → 活动跟踪

图 2-1-1

该流程中的活动准备主要包括:活动的总体规划,活动内容、活动形式的确定,活动资源的设计与确定,活动评价的设计等。

活动实施一般有研讨课、微报告、评课研讨、主题报告等主要内容。

活动评价、反馈主要是针对各项活动实施的环节以及内容进行评价,可以是定量的评价,也可以是描述性的定性评价,需要在活动准备阶段就进行设计。

活动跟踪主要是对于活动的授课以及微报告的教师进行活动反思与改进的跟踪,同时,对于参与活动的教师进行后续的评价并对活动内容的多次尝试进行跟踪,也要对后续的主题教研设计进行反思与改进。

在整个活动的流程中,活动资源是最重要的一环,教研活动其实是按照活动主题结合教研内容,整合已有资源、开发新资源,加以有效呈现、展示与交流的。

本次活动的主要内容是以上海教育出版社出版的九年义务教育课本七年级第二学期(试用本)第十四章中的三角形为主题单元,在进行单元规划的基础上,进行合理设计探究活动的主题教研。

第一步,对于活动的资源进行设计。

本章中主要有三个小节的内容,我们可以将这三个小节规划为"三角形"单元中的三个专题:三角形的有关概念与性质、全等三角形、等腰三角形。其中,课本中给出了阅读材料"边、边、角"能判定三角形全等吗? 探究活动一"七巧板",探究活动二"分割等腰三角形",以这三个小节的内容为主,结合单元内容的特点,列出本单元的探究活动所需资源表。

第二步,根据资源列表检索已有资源并结合教师的特点进行活动形式的规划。

本次活动主要采用的形式有总体规划研讨、实践案例交流、推荐案例解读、部分评价反馈等。

本次活动资源是建立在单元规划的基础上,而不同的单元规划对于各个探究活动在单元中所处位置、课时安排、活动形式上都可能有不同的处理方式。因此,案例的呈现是以研讨课的形式放在"实践案例交流"环节,还是以微报告的形式放在"推荐案例解读"环节,需要进行合理的规划。同时,我们也要根据教师的特点进行设计。

经历了多年的教研案例积累,以上各个探究活动都有教案、课件或者教学录像的资源,结合教研主题中的关键词"单元规划"(见 P87 表 3-1-3),基本确定将探究活动四、五、六归为一组,探究活动八、九归为一组,在教研活动前先进行设计或者实践尝试,形成案例,以微报告的形式呈现,探究活动三、探究活动七确定为研讨课的形式,探究活动一、二以说课的形式呈现。

第三步,修正已有资源,设计与规划新资源。

主题教研其实不仅仅是一次教研活动展示,而在准备过程中的各种备课、磨课、修改等资源设计规划也是一个个很重要的环节,一次教研活动的时间是有限的,但是在主题教研准备过程中会产生无限的可能。

对已有资源进行修正,其实就是一个现有资源案例实践尝试的过程。教师与学生都与之前资源呈现时有很大的不同,因此在借鉴已有资源的基础上进行再次开发,需要经过一定的实践才能产生出更有生命力的案例。

同时,教研活动主要承担学校、教研组备课组以及教师的特点需要重点对以研讨课的形式呈现的"实践案例交流"环节进行规划与设计。实践案例交流是在教研活动当天进行的研讨课,需要加强设计,在总体单元规划的基础上展现出活动主题。

第四步,整合资源,设计基本教研活动实施流程。

本次教研活动的几个基本环节以及时评价反馈为核心建立流程(如图 2-1-2 所示)。

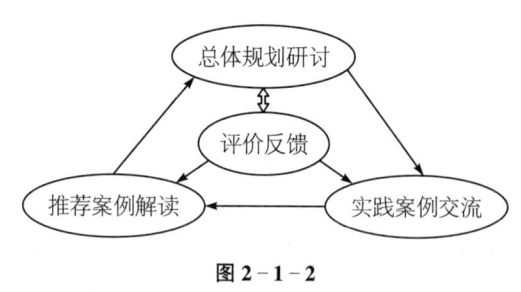

图 2-1-2

在基本确定活动流程后,将主题、基本内容、基本流程做一个预发布,同时确定多人单独或合作完成相关案例的设计、实践与整合工作,充实教研活动的内容,并促进主题教研的合理生成。

第五步,重要活动环节的设计与保障。

环节一:总体规划研讨

在本年级实施以"单元设计"为主题的系列教研活动有比较好的基础,教师们对于"单元设计"有一定的认识,因此,在总体规划部分可能会产生多种不同的"单元规划",并产生与之相对应的探究活动设计。由于本单元可能产生的"单元规划"比较雷同,在本环节以书本的自然单元为主进行规划研讨,由此产生的探究活动差异在之前已经有预案,一些差异部分在后续的对应环节中进行说明。

环节二:实践案例交流

计划对实践案例交流部分的研究课进行课堂观察、检测以及观课教师点评,我们初步选定以下两个探究活动进行现场展示:

探究活动三:三角形的内角和等于180°

探究活动七:等腰三角形的性质探究

这两个探究活动都是新授课中的学生探究环节,在课堂内可以通过小组合作探究的形式展开,利于课堂观察以及检测。

由于在单元内这两个探究活动的间隔时间比较长,而且探究活动七需要之前的学习基础,在同一时段同时进行现场展示有一定的难度,因此我们将探究活动三的课堂教学前置,由多位教师分别设计、执教并录像,重点展示其中的探究活动环节,对于探究问题设计以及学生活动反馈等观察点做出必要的分析,活动当天,采用录像片段说课的形式进行。探究活动七作为当天探究课的主体进行现场展示。

另外,根据预发布的结果反馈,可以适当增加其他探究活动的课堂研讨,比如探究活动八"分割等腰三角形"。

环节三:推荐案例解读

根据设计的资源列表,教师需经过资源实践与整合,形成一定的案例,探究活动四、五、六为一组,探究活动八、九为一组,从总体规划、案例实施要点、过程及反思建议的角度进行微报告形式的案例解读,探究活动一、二以说课的形式呈现。

环节四:评价反馈

结合教研活动的评价表对于活动中的各个环节进行评价与问题反馈,同时,在实践案例交流环节进行针对性的课堂观察以及必要的后测,从实证的角度及时地进行评价与反馈,并在最后进行汇总,根据实际情况提出后续的改进设想并对规划做出必要的修正。

第六步,活动目标、过程细化与发布。

在确定各个环节的主要内容之后,就要对活动的目标与过程再次进行细化,主要是针对两个案例环节,结合不同课型开展探究活动,不同的组合方式会有不同的目标,并针对目标和活动内容进行过程的细化。

活动过程的细化主要有几点:主题、时间、地点、环节、内容、执教(主讲)、出席对象等。同时需要对于活动的各项资料进行统整,格式、体例等都要统一,教学实践提供教案,微报告提供摘要、目录和简介。在提供纸质稿的同时,也提供扫码下载,便于参与教师的保存。

在完成目标、过程细化之后就是整体活动发布。在准备阶段,教师还需要对教学、录像等设备做检查,做好备案。

四、活动的评估和跟进设计

1 教研活动质量评估的设计

教研活动质量评估主要包含两个方面:第一,教研活动各项内容的评价;第二,教研活动设计、实施的总体评价。

教研活动评价表的反馈也可以作为教研活动的一个环节,教研活动评价表的评价主体是参与教研活动的教师,及时了解教师们的想法并做出反馈具有比较好的效果。另外,一些评价内容需要大样本数据的支持,因此一般将教研活动的评价设计为网上问卷的形式,由教师现场提交同时可以快速得到基本的数据与图表的反馈。

一般在制作网上问卷评价表之前需要先做出一定的规划。以下是对于一般的听评课加上微报告形式的现场教研活动做出的基本设计框架(见表2-1-1),教师在使用前需要根据每次活动的主题、内容进行调整,同时对于不同的教研活动组织形式,教研活动的评价表设计也需要做出调整。

需要指出的是,在评价表中加上教师基本信息,既可以起到签到的作用,又可以在后期进行分类的分析,了解各类教师对于教研活动的需求,以便于后续教研活动的改进。

表 2-1-1 听评课、微报告现场教研活动评价表设计框架

题目属性与评价维度	题号	题型	问题	选项	备注
1. 基本信息	1.1	填空	姓名		
	1.2	填空	师训编号		
	1.3	选择(单选)	性别	□男；□女	
	1.4	填空	学校		备注1
	1.5	选择(单选)	教龄	□见习期； □1~5年； □6~10年； □11~15年； □16~20年； □21年及以上	
	1.6	选择(单选)	职称	□未评； □初级； □中级； □高级	
2. 总体评价	2.1	选择(单选)	对本次教研活动的总体评价	□好； □较好； □一般； □不好	
	2.2	选择(单选)	本次教研活动主题的明确性	□很明确； □比较明确； □尚可； □不明确	
	2.3	选择(多选)	本次教研活动各项内容之间的关联性	□各项内容相对独立又互相补充； □各项内容完全独立,没有关联； □各项内容重叠较多； □各项内容之间有一定的及时生成性	

续表

题目属性与评价维度	题号	题型	问题	选项	备注
	2.4	选择（多选）	请针对本次教研活动中一项内容做出评价	□研讨课； □微报告； □评课研讨； □主题报告； □其他	备注2
3. 各项内容评价（研讨课）	3.1	打分题	请你对本节课从以下几个角度进行评分	教学目标：☆☆☆☆☆ 教学内容：☆☆☆☆☆ 教学方法：☆☆☆☆☆ 互动交流：☆☆☆☆☆ 学生获得：☆☆☆☆☆ 基本效果：☆☆☆☆☆	备注3
	3.2	填空题	请你提出一个想与本节课的授课教师讨论的问题		
	3.3	填空题	如果你是授课教师，请谈一下你对教学设计和实施中可能与本节课处理的不同之处		
	3.4	选择	是否继续对其他内容进行评价	□是； □否	备注4
4. 各项内容评价（微讲座）	4.1	打分题	请你从以下几个角度对本微报告进行评分	主题：☆☆☆☆☆ 观点：☆☆☆☆☆ 内容：☆☆☆☆☆ 原创性：☆☆☆☆☆ 启发性：☆☆☆☆☆ 效果：☆☆☆☆☆	备注3
	4.2	填空题	请你提出一个想与本微报告的讲座教师讨论的问题		
	4.3	选择	是否继续对其他内容进行评价	□是； □否	备注4

续表

题目属性与评价维度	题号	题型	问题	选项	备注
5. 各项内容评价（评课研讨）	5.1	打分题	请你从以下几个角度对本次评课研讨环节进行评分	观点：☆☆☆☆☆ 内容：☆☆☆☆☆ 针对性：☆☆☆☆☆ 效果：☆☆☆☆☆	备注3
	5.2	填空题	请你提出一个想继续研讨的问题		
	5.3	选择	是否继续对其他内容进行评价	□是； □否	备注4

制定框架后，通过问卷的设计可以呈现出比较友好的界面，一般只呈现出问题与选项部分。

备注1：为统计方便，如果可以确定参与学校的话，就采用选择题的形式；

备注2：本题进行选择之后将自动链接到后续的各个内容的评价中，评价完后可以返回本题继续选择，也可以选择直接退出评价（每位老师至少完成一项内容的选择）；

备注3：本题为打分题，"☆"从低到高表示该项的总体情况由低到高；

备注4：这是一个链接问题，请教师自主进行选择，也可以在最终设计中设计为对全部内容都要做出评价。

2 继续推进这个主题研讨的思考

"以单元规划为基础　合理设计探究活动"这一主题研讨可以贯穿在整个初中数学教研中，形成该主题引领下的一系列教研活动。在"三角形"这一单元的主题研讨中，对于研究活动资源的规划与设计还是在教研活动最初设计时初步形成的，而实际上还是有比较大的"生成"的可能。例如，在探究活动资源中，将探究活动八"分割等腰三角形"与探究活动九"探索三角形可以被分割成两个等腰三角形的条件"作为两项相对独立的探究活动，而实际上，此处的"分割等腰三角形"是指"探索等腰三角形被分割成两个等腰三角形的条件"是探究活动九的特殊情况，如何处理特殊与一般的关系进而思考探究问题设计的顺序也是需要思考的问题。对于九年级的"相似三角形"单元中的探究活动"分割三角形"来说，可能这样的思考也是必要的。

继续推进这个主题研讨需要在规划、设计、实践、反思中不断地寻找"生长点"，在单元规划的基础上，充分挖掘书本、练习册的相关内容，设计出更有利于学生思考、参与并能真正融入其中进行真探究的数学探究活动。

3 利用本次活动成果改进教学的设想

本次活动从大的主题来说是以单元规划为基础的，因此我们需要在中观教学设计理念的支持下先进行单元规划，然后在整体单元规划中，将探究活动再进行统一的规划,并结合单元规划放置在整个单元的合适位置中,有针对性地进行教学,这样的探究活动,有目标、有基础、有可持续发展性,是比较能够有效实践的探究活动。

本次活动的单元选择比较具有代表性,尤其是在初中几何的教学中本单元是一个比较重要的单元。活动的策划、实施、评价、反思有利于类似活动的继续开展,整个活动流程是可以复制的,在活动中形成的一些案例、思考也有一定的推广意义。

本次活动形成的一系列案例可以作为后续教材解读的典型案例。在形成案例的过程中,对于各种思考实践的案例都进行了收集,也可以从教学设计、活动设计、师生交流、小组合作等各个小的方面进行比较研究,这样可以形成一些值得思考的经验总结。

本次活动虽然规划的展示时间为半天,但是可以作为一个阶段教研的主题,在一个半月的时间里都可以围绕这一主题进行思考,同时,也可以引发教师们在日常教学中对于学生探究活动设计与组织的尝试。

展示的结果不是重点,在过程中的感悟、体验与收获才是主题教研最有魅力之处!

第二节　初中数学学科主题教研活动实践案例

一、利用单元整体资源,优化数学学习活动

(一)选题动因

初中六年级的课本多次出现"我们已经知道""还记得小学时学习的……的方法吗?"等描述,从六年级的学习内容角度来看,分数、圆和扇形、一元一次方程、线段与角等与小学的学习内容有很大的相关性,那么小学数学与初中数学的相关性联系是不是我们单元整体设计的重要资源呢?而小学数学课堂与初中数学课堂中的学习活动设计与实施是否可以从关联性衔接的角度进行优化呢?

单元整体教学是浦东推广了多年的教学思想,而我们选择的两节课在知识背景上基本一致,前后的关联性比较大。光明学校地处浦东新区祝桥片区,是一所九年一贯制的学校,学校为祝桥学区的领衔学校。该校在重点关注中小衔接研究方面有天然的优势,学生的总体背景情况比较一致,在学校统一的办学理念下,教师之间的沟通交流比较顺畅,学校的数学教研组有比较好的基础,有区级骨干教师的带领,有利于教师团队对整体资源的规划与整合。

基于以上想法,小学数学教研员朱伟、初中数学教研员徐颖策划并组织了本次活

动,确定本次活动的主题,并且选择小学四年级的《圆的认识》和中学六年级的《圆的周长》两个同样知识背景的内容进行主题教研。

(二)预期目标

本次活动的主要目标有四:一是提高教师的课堂教学能力;二是促进中小衔接的关键点研究;三是寻找有效的数学活动设计与实施方法;四是为教师提供展示的平台。本次活动期望解决的问题是,学生学习活动的起点与终点的有效设定。

(三)整体规划

活动参与对象与活动准备步骤:

本次教研活动参加的主要对象是区教研员、中心组教师、各校四、六年级数学教师代表(或教研组长)。

活动准备:确定主题→选定课题→上课教师确定→备课研讨。

活动的模式与方法:课堂教学展示与说课评课。

活动的基本流程:两节课→说课与评课→教研员总结。

(四)活动实施

1 研讨课交流

教学主题研讨的内容是四年级的《圆的认识》和六年级的《圆的周长》,这两个内容都有同样的知识背景,分别由小学部的张雯老师和中学部的倪建红老师执教。

张老师通过让学生观察、画圆等活动,让学生感知画圆必须先定点、再定长;让学生经历猜想、验证等活动掌握圆的特征,发展学生的空间观念和初步探索的能力,渗透极限等数学思想,使学生感受圆在生活中的应用,获得对数学美的丰富体验及圆内涵的数学文化。多思考、多动手、多实践、多体验是本节课的主旋律,张老师最大限度地拓宽学生的思维,指导学生用所学知识去分析生活中的实际问题,使学生体验成功的快乐。

倪老师的课教学目标明确,教学设计从实际出发,符合学生认知规律。从实际操作计算结果比较,到总结归纳结论,再到练习巩固,体现了数学逻辑的严密性。课件制作精心,运用多媒体动画效果,突出重点难点,板书设计精心,学生配合度好,取得了良好的课堂教学效果。在课堂中,倪老师还让学生体会到了爱国主义教育,让学生的思想得到了洗礼。

2 主题微报告

朱伟老师以"研究起点、立足当下、着眼发展"为关键词做了点评以及微报告。他从关注教学内容本身的中小衔接、知识点之间的内在衔接以及学生后续发展所需能力等角度,以"圆的认识"为例拓展到中小学几何教学的不同侧重点。强调小学阶段的教学为后续打好基础并且把握好"度",对于基本概念的形成需要有"生活抽象—操作感悟—比较归纳—解释运用"的过程,并且要关注到数学方法的感知、感悟以及恰当地感受数学之美。

徐颖老师以"基于学情、善于反思、勤于改进"为关键词做了点评以及微报告。她从课本知识的角度将六年级的教学内容与小学阶段的衔接与差异做了统计,利用"教师教育方式对学生学习品质影响"的调查统计结果对教师教育教学方式的改进提出建议:改进教学方式,采用因材施教与引导探究教学策略,加强阅读提高数学问题解决能力与科学探究能力。同时,她对"学情分析的常用方法""数学学习活动的关注点"等做了简要的介绍。

(五)反思分享

1 收获与共识

小学数学与初中数学的相关性是单元整体设计的重要资源,而小学数学课堂与初中数学课堂中的学习活动设计和实施可以从关联性衔接的角度进行优化。

小学数学是初中数学的基础,很多知识都是为初中做铺垫;初中数学是在小学数学基础上进行内容拓宽、知识深化和延伸,即从具体到抽象,从文字到符号,从静态到动态,从形象思维到抽象思维的转变。数学教师应注重分析中小学数学课程的内在联系与变化,帮助学生做好中小学数学学习的衔接,提高学生的学习能力。

2 问题与分析

虽然教研活动顺利完成,且取得了非常好的反响,但活动本身也还有不少有待进一步思考和改进的细节。

对于小初衔接主题的确定,事先已经做出了教材体系上的分析:

课本知识衔接差异:

○ 已经学习过的知识

✓ 数与运算(自然数、小数、分数、正数与负数)

✓ 方程与代数(用符号、字母表示数或式、等式与方程)

✓ 图形与几何(图形的认识、图形的周长和面积、立体图形、图形的位置与变换)

✓ 数据整理与概率统计(统计表、统计图、平均数、可能性的大小)

○ 各个版本的差异

○ 与初中学习的联系

从比较中可以发现,很少有小学与初中阶段关联性紧密的课在相同学期,而且还有一定的教学进度的差异,所以一次活动两节现场课的情况比较少,活动推进的力度可能还不够。因此,教师需要改进活动的形式,丰富活动的类型,发挥出更大的作用。

3 完善与推进

优化学习方式与深化学科育人密切相关。我们认为,数学的学习不只是知识的传递或解题能力的培养,而是学生在经历学习的过程中所形成的数学思维习惯和思维方法并能利用它来解决现实问题,是深化学科育人的核心。

探讨中小衔接要从关注内容开始,逐步走向关注教学方式以及学生的学习进程评价,侧重于能力、习惯、方法等方面,这次活动是一次尝试,也是一次开始,后续将采用多种形式开展主题研讨活动。

二、同课异构,列方程解应用题的教学研讨[①]

(一)活动背景与意图

1 现实背景

初中阶段的应用题教学一直是一个难点,而列方程解应用题是数学联系实际的重要手段,学会列方程解应用题,不但可以解决一些实际问题,而且可以为今后进一步研究其他方程打好基础。在二期课改的推进过程中,教材中将一次方程与一次方程组的应用问题放在了六年级第二学期。在代数式与列代数式之前,本章是学生第一次接触到方程这一概念。这对于学生和教师来说,"列方程"这一课时尤其显得难度较大。

浦东新区的一大特点就是地区大、教师多、学生层次也多。要进行一次教学研讨的教研活动存在比较大的困难,例如,由于同一年级的教师人数太多(220 名左右),基本上不可能全体教师在现场听同一节课,在教学研讨中也很难形成讨论的格局。

2 教研重点

本次教研活动选定相同的主题,采用"同课异构"的教研模式。"同课异构"教研模式就是同一教学内容由几位教师接连上课,或是由一位教师采取不同的方式连续上几次课。通过不同的教师上同一节课或者呈现不同的教学设计这样的手段来更好地解读教材、解读课程标准。

3 期望目标

通过教研活动的听、评、研等环节,我们期望教师能对"列方程"引发的一系列应

---

① 原文收录于《术业有专攻:2010 年度上海市基础教育教研员专业发展评选成果集》,第 181—187 页。

用题教学问题有所思考，并能提供一些有效的资源以便在教学中加以应用，从而引发一些关于应用题教学的思考。

(二)活动设计与实施

1 活动设计

本次教研活动以"列方程"这一课为切入点，"同课异构"，先教学再研讨，主要是在教学研讨环节着力分析几种选择问题以及解决问题的策略。

2 实施过程

(1)"同课异构"教学实践

在本次活动中，建平实验的三位教师同时进行了现场的课堂教学，选择的课题都是"列方程"。在备课的过程中，他们三位既有统一的思路，也根据学生的学习状况和自己的实际教学情况进行了个性化的教学设计。

将参加教研活动的教师分在三个不同的教室同时听课，并为所有的听课教师提供三堂课的教学设计。

(2)"评课交流"教学研讨

在"评课交流"阶段，所有参加活动的教师进行集中，主要有以下几个环节：

环节一：三位上课教师课后说课，主要内容是设计意图、设计思路以及课堂反思。

环节二：各个听课教室中的教师代表评课。

环节三：听课教师与评课教师之间进行交流。

(3)"资源共享"拓展思路

"异构"的目的是让不同的教师面对相同的教材，结合所教学生的实际情况，根据自己的生活经历、知识背景、情感体验建构出不同意义的设计，呈现出不同教学风格的课堂，赋予静态教材以生命活力。

"列方程"这一课是以实际问题为切入口，同时又涉及"如何找到实际问题中的等量关系，列出方程"。这两个对于学生和教师来说既是重点又是难点。在教学设计与实践的过程中，教师需要注意的是如何选择或有效利用应用问题、如何帮助学生分析与解决问题。

①选择应用问题的多种途径

在本节课的备课过程中，多数教师将重点放在了如何来设计应用问题上，以下是几位教师的教学设计中关于应用问题的部分，在教研活动中以"设计一""设计二"中的例题直接进行相关的比较，同时就"设计三"和"设计四"（来自陆行南校教师的教学设计）中所有的例题练习以及相关的教学完成情况与各位教师进行交流。

设计一：（书本例题）

1. 某水果店有苹果与香蕉共 152 千克，其中苹果的质量是香蕉质量的 3 倍，该水果店的苹果与香蕉各有多少千克？

2. 有一所寄宿学校，开学安排宿舍时如果每间宿舍安排住 4 人，将会空出 5 间宿舍；如果每间安排住 3 人，就有 100 人没有床位，那么学校住宿的学生有多少人？

设计二：

1. 3 月 6 日，在学校举行的第七届义捐义卖活动中，预备 5 班的同学们捐了心爱的玩具和书共计 152 件，其中玩具的数量是书的 3 倍，那么你能告诉我书和玩具各捐了多少？

2. 学校准备 3 月 30 日组织我们预备年级去春游，交通工具是大巴士，学校给我们订好了车，但具体乘车方案还未定，如果每辆车坐 50 人，会空出一辆车；如果每辆车坐 45 人，会有 30 人无车可坐，请同学们算一下有多少人参加春游？

设计三：

例 1： 某售票窗口有参观上海世博会的平日普通票与平日优惠票出售，票价分别为 160 元和 100 元。一天，该窗口卖出普通票与优惠票共 2 200 张，票务收入为 34 万元，问这两种票各卖出多少张？

例 2： 六年级(1)班、(2)班各有 44 人，两个班都有一些同学参加课外天文小组，(1)班参加天文小组的人数恰好是(2)班没有参加天文小组人数的 $\frac{1}{3}$，(2)班参加天文小组的人数恰好是(1)班没有参加天文小组人数的 $\frac{1}{4}$，问六年级(1)班、(2)班没有参加天文小组的各多少人？

练习 1： 引入适当的未知数，列出一次方程组表示下列各题中的等量关系。

(1) 一个周长为 142 米长方形游泳池，长与宽差的 2 倍是 58 米，长与宽各是多少米？

(2) 甲乙两仓库共有大米 108 吨，甲仓库有大米 x 吨，乙仓库有大米 y 吨，从甲仓库运 6 吨到乙仓库后，乙仓库是甲仓库大米的 2 倍，甲、乙仓库各有大米多少吨？

(3)从夏令营营地到学校,需要先下山再走平路.一少先队员骑自行车以每小时12千米的速度下山,以每小时9千米的速度通过平路,到学校共用了55分钟.回来时,通过平路的速度不变,但以每小时6千米的速度上山,回营地共花去了1小时10分钟,问山路与平路各有多少米?

练习2:张老师准备去易买得买一些文具作为班级奖品,这次买奖品的预算是120元,若买2本笔记本、9套中考套装笔,则正好用完预算;若买8本笔记本、7套中考套装笔,则超预算12元,问笔记本与中考套装笔的单价各是多少?

练习3(拓展练习):学生课桌装配车间共有木工9人,每个木工一天能装配双人桌4张或单人椅10把,怎样分配工作能使一天装配的课桌椅配套?

变式训练:若两张双人桌合并后安排5个同学,怎样分配工作能使一天装配的课桌椅配套?

设计四:

情景设计:举世瞩目的2010年上海世博会即将拉开帷幕,世博会园区建有联合馆和国家自建馆共53个,其中国家自建馆是联合馆的4倍少2个.请问:世博园区国家自建馆与联合馆各几个?

例题1: 根据下列条件列方程.

(1)x的10倍与-35的和是$\frac{2}{3}$;

(2)一个正方形的边长为x厘米,周长为3.6厘米;

(3)小丽1月份有零花钱y元,她花掉了25元,还剩下60元.

课堂练习:

(1)x的$\frac{1}{3}$与6的和为2;

(2)x、y的积减去13所得的差的一半为$\frac{2}{3}$;

(3)三角形的一边为5 cm,这一边上的高为h,面积为20 cm^2.

例题2: 在一次社交活动中,参加的男士人数是女士人数的2倍,当走了6位男士并来了6位女士后,女士人数就是男士人数的2倍了,问原来有几位男士、几位女士?

> **课堂练习**：在下列问题中引入未知数，列出方程．
> (1) 长方形的宽是长的 $\frac{1}{3}$，长方形的周长是 24 cm，求长方形的长．
> (2) 小明用 10 元钱买了 15 本练习本，找回了 1 元钱，每本练习本的价格是多少？
>
> **动脑筋**：有一所寄宿制学校，开学安排宿舍时，如果每间宿舍安排住 4 人，将会空出 5 间宿舍；如果每间宿舍安排住 3 人，就有 100 人没床位，求：
> (1) 学校宿舍有多少间？
> (2) 学生人数有多少人？

在以上四个设计中，"设计一"基本上是按照书本上的例题，没有做改动，"设计二"是仿照书本上的例题，选择了学生实际生活中接触的情境，从教学实施的效果来看，"设计二"明显引发了学生更热烈的讨论，也出现了学生自己的很多种方法。

"设计三"和"设计四"基本上都采用了世博情境进行引入，同时也都采用了比较多的例题和练习题。从教学的实际情况来看，由于是公开课，学生的注意力还是比较能集中的，但是由于世博的情境有点大，学生的兴趣转移点也比较多，对于数学本质问题的关注度有所下降，而且这两节课的共同之处在于，有点儿赶时间，对于教学设计的完成度不够。

在选择应用问题的情境时，与学生实际的贴合度是比较难掌控的：离得太远，学生比较难进入讨论；如果是太熟悉的情境，就会引发一些与数学问题无关的讨论。因此，教师们的掌控与指导在课堂教学中就起到了至关重要的作用。

②解决问题策略的合理应用

在课堂教学中，问题情境的设计是为了引出更好的解决问题的策略，而这个策略的应用应该是以学生的获得为主要目标。因此，如何帮助学生获得合理的解决问题的策略是教师在教学中必须考虑的。

在"设计一"中，授课教师是一位新教师，她将所有的方法都做在 PPT 课件中，从分析问题到找出等量关系、设元、列式等基本上都是教师边分析边投影，学生只需要在教师的引导下回答几个相对比较简单的问题。从实际的教学效果来看，学生对于教师的这种方法还是接受的，课堂的效果也比较好，但是学生的主动性发挥得不够，学生对于为什么用方程来解决这些问题理解不够。

在"设计二"中，授课教师比较注重将学生已有的解决问题的方法与想法进行有效的体现，由于学生是从小学升入初中不久，在小学阶段对于应用问题也是有所接触的,而每个学生的基础不同,对于问题的理解也有一定的差异,为了更好地进行今后的教学设计,教师是很有必要了解学生的一些思维情况的。采用"设计二"的教师在课堂的实践掌控中就很好地做到了这点,在第二题的解决过程中,给予学生充分的思考与交流的时间,而学生的解答也比较充分地体现出了这个阶段学生的思维特点。

"设计二"第二题的学生解答:

> 方法一:设有 x 辆车. $50(x-1)=45x+30$.
> 方法二:设有 x 辆车. $(50-45)x=50+30$.
> 方法三:设有 x 人. $(x+50)\div 50=(x-30)\div 45$.
> 方法四: $50+30=80$(人);$50-45=5$(人);
> $80\div 5=16$(辆); $50\times(16-1)=750$(人).
> 方法五:设参加春游的学生有 y 人. $\dfrac{y}{50}+1=\dfrac{y-3}{45}$.

"设计三"与"设计四"基本上采用了比较一致的教师提问、学生回答的方式。由于问题设计比较多,基本上没有出现学生有多种解答的情况。

③选择问题策略的拓展应用

从本节课的教学重点来看,选择恰当的解决问题的策略是很重要的,教师们往往把重点过多地放在问题情境的设计和问题解决策略的"操作性"上,而对于如何来选择解决问题的策略,以及如何对问题解决的策略做出评价在目前的教学设计与实施中是欠缺的。

以上是一个开放的数学问题,情境比较简单,但是希望学生能够自己选择解决问题的条件并选择相应的解决问题的途径与策略。

> 若 A、B 两地相距 880 米,甲在 A 地,乙在 B 地,现有以下四种情况:
> ① 甲、乙两人同时相向而行,1 分 20 秒后相遇;
> ② 甲、乙两人相向而行,甲出发 44 秒后乙再出发,1 分钟后相遇;
> ③ 甲、乙两人同时同向而行,14 分 40 秒后乙追上甲;
> ④ 甲、乙两人同向而行,乙先走了两地距离的 $\dfrac{3}{4}$,则 3 分 40 秒后追上甲.
> 请你从以上四个条件中选取两个,并根据你所选的条件求出甲、乙两人的速度;

解:(1)所选择的两个条件是:＿＿＿＿＿＿(填编号);
(2)求甲、乙两人的速度.

通过这个问题对学生加以考察,我们可以发现学生受到一些思维定式的影响还是比较厉害的,对于固定的问题,能够找到参照的问题解决,学生的情况还是比较好的,但是一旦脱离了熟悉的表达形式,马上就会出现比较大的落差,这可能与教师在课堂教学中的侧重点有比较大的关系。

如何来教好应用题是一个很值得研究的课题。今后的教研活动,随着不断地积累,也许会有更多的切入口提供给教师进行反思。

(三)活动分析与启示

1 活动成效

"同课异构"在对教材的把握和教学方法的设计上强调"同中求异、异中求同",让我们清楚地看到不同的教师对同一教材内容的不同处理,不同的教学策略所产生的不同教学效果,并由此打开了教师的教学思路,彰显教师教学个性,是继承和批判的统一,真正体现了资源共享、优势互补。

此外,最后提供的开放性问题虽然并不适用于本节课的教学,但是在应用问题的教学中还是比较有用的。

2 主要经验

"同课异构"为教师在教学现场进行有效率的教学决策提供了讨论和学习的案例。"同课异构"中的"异构"不是目的而是一种手段,是通过不同的教师或者是同一个教师用不同的设计上同一节课这样的手段来帮助教师更好地理解课程标准、更好地把握适合不同教学内容的教学方法、更好地了解适合不同学生特点的教学情景、发现平时教学中的一些低效甚至无效的教学方式等,来实现提高教学有效性的目的。

3 进一步的思考

对于一次教研活动来说,一次公开教学并不是教学活动设计的起始点和归属点,而是希望在教研活动中,体现出一种如何备好课的思想,如何进一步提高的展望,并能从中观设计的角度来考虑教学设计,真正让教师有收获。

同时,在教研活动中,可能提出一些具有意义的反思性问题也是一种很好的收获。

三、关注几何教学中的思维"可视化",提高几何复习效益

(一)选题动因

平面几何在初中数学中一直占据着很重要的位置。而学生在学习和掌握几何知识的过程中,最重要的一个部分就是能够应用到实践中进行解题。几何难学的一个重要原因是初中生抽象思维的局限性所致。如何把几何中抽象的思维变得直观、形象、易于接受?推理路径图可以让几何教学中的思维"可视化"。在几何复习过程中,利用思维导图实现几何学习的"可视化"图像记忆,帮助学生形成结构化的思维方式。同时,良好的学习习惯对于学习数学至关重要。而数学笔记的记录与整理有助于集中学生的课堂注意力、加深对知识的理解与把握,提高语言表达和书写方面的能力,有助于对所学内容的复习。

四边形在初中数学中的作用举足轻重,对于学生几何学习的作用非常大。因此,在初三的基础复习阶段,四边形的相关复习显得尤其重要。在这部分的复习课中,不仅要呈现出教师对于教学内容的引领性作用,更要体现出学生的主动学习以及教师对于学生学习方法的引导。

基于以上想法,浦东新区初中数学教研员徐颖、奉贤区初中数学教研员庄建红策划并组织了本次活动,确定本次活动的主题为:关注几何教学中的思维"可视化",提高几何复习效益,由奉贤和浦东各出一位教师开展本班级学生的四边形复习课教学在线直播。

(二)预期目标

为发挥奉贤、浦东两区骨干教师、优秀教师团队的引领作用,聚焦数学课堂教学,以课堂教学为载体,以几何学习方法为切入点反思教学,实现"骨干引领、教研共建、优势互补、共同提高"的联合教研目标,努力构建利于两区共同发展的有效课堂教学模式,切实提高教育教学质量。

(三)整体规划

1 活动参与对象与活动准备步骤:本次教研活动参加的主要对象是两区教研员、中心组教师、两区初三数学教师代表(或教研组长)。

活动准备:确定主题→选定课题→上课教师确定→备课研讨

2 活动的模式与方法:采用线上线下相结合的方式,两区分设两个学科现场教

学点,在线直播,同步教研。

3 **活动的基本流程**:两节课堂教学展示→说课与评课→微报告。

(1)公开课教学

公开课教学情况如表2-2-1所示。

表2-2-1

节次	时间	所在学校	授课班级	授课教师	课题
5	13:00-13:40	奉贤区实验中学	九(6)	徐菊萍	特殊平行四边形的复习
6	13:55-14:35	浦东新区进才北校	九(14)	潘 杰	平行四边形和特殊平行四边形的复习

(2)主题交流

报告人:徐颖

报告内容:《关注几何教学中的思维"可视化",提高几何复习效益》

4 活动资源,如表2-2-2所示。

国家中小学智慧教育平台、上海微校平台、上海"空中课堂"相关资源。

表2-2-2

序号	年级	课题	任课教师	
1	八年级(上)	《19.2 证明举例①》	梅隽婕	上海微校
2	八年级(上)	《19.2 证明举例②》	梅隽婕	上海微校
3	八年级(上)	《19.2 证明举例③》	梅隽婕	上海微校
4	八年级(下)	《平行四边形及特殊的平行四边形单元讲评》	徐 颖	
5	八年级(下)	《梯形 单元讲评》	罗亚琴	
6	九年级(下)	《专题四 直线与三角形——相交直线与平行直线、三角形的概念》	齐 敏	上海微校
7	九年级(下)	《专题四 直线与三角形——等腰三角形与直角三角形、全等三角形》	齐 敏	上海微校
8	九年级(下)	《专题五 相似三角形和锐角三角比——相似三角形(1)》	顾跃平	上海微校
9	九年级(下)	《专题五 相似三角形和锐角三角比——相似三角形(2)》	顾跃平	上海微校

续表

序号	年级	课题	任课教师	
10	九年级(下)	《专题六　四边形、圆和正多边形——四边形(1)》	尤文奕	上海微校
11	九年级(下)	《专题六　四边形、圆和正多边形——四边形(2)》	尤文奕	上海微校
12	九年级(下)	《专题六　四边形、圆和正多边形——圆和正多边形》	尤文奕	上海微校

(四)活动实施

1 研讨课交流

教学主题研讨,内容是四边形的复习,都是九年级本班学生的复习课。《特殊平行四边形的复习》由奉贤区实验中学的徐菊萍老师执教,《平行四边形和特殊平行四边形的复习》由浦东新区进才北校的潘杰老师执教。

徐老师这节课由问题驱动教学,强化认知,完整构建知识网络,立足方法引领,重在思维培养,这是复习课走向务实高效的有效途径。

潘老师通过课前视频引入本节课的思维导图,充分呈现四边形单元的知识脉络;通过一系列变式与学生探讨几何证明中逻辑链的生成方式,是思维方式和过程的可视化呈现;给了学生一把复习阶段的"金钥匙"。

两位老师借用四边形的基础复习,尝试借助"思维导图"以及"推理路径图"的"可视化",结合必要的数学笔记,探求初中几何教学的有效方式。

2 主题微报告

浦东新区的数学教研员徐颖以思维导图、知识结构图、推理路径图为主要的思维可视化的图示方法,结合"空中课堂"的教学新规准、数学题的变式、笔记的整理等多个角度,做了相关的主题微报告。

东北师范大学史宁中教授将学生的主要核心素养概括为"抽象""推理"和"建模"。

其中,推理是一种贯穿始终的、内隐性的,比较高级、复杂的思维活动。从推理形式上看,推理主要包括合情推理和演绎推理。但无论是合情推理还是演绎推理,都具有自身的逻辑,逻辑性应当是推理的重要品性。为了触摸学生推理的逻辑脉搏,教师可以借助可视化的思维策略,引导学生的逻辑推理,让学生的逻辑推理更加有序、有向、有质①。

数学抽象思维是以数学概念为思维材料,通过数学判断、推理的形成来反映数学本质,揭示数学知识之间的内在联系。抽象思维是对已获得的数学事实进行加工处理,从中抽离出数学本质特征的过程。抽象思维可视化,是利用图示的方式将数学概念、数学规律、概念与规律之间的因果关系、思维的逻辑及顺序表达出来②。

所谓思维可视化(Thinking Visualization)是指以**图示**或**图示组合**的方式把原本不可见的**思维结构及规律**、**思考路径及方法**呈现出来,使其清晰可见的过程③。

可视化的思维,更易于被理解,更有助于能力迁移;思维可视化,可以促进零散知识系统化、抽象知识图形化、隐性思维显性化、解题规律模型化。在数学教学中融入思维可视化,有助于将系统性思维训练与学科有效教学实践融为一体。

知识结构图,把概念或者命题置于圆圈或者方框中,利用箭头和连接词构成有意义关系的网络结构图。

推理路径图,是"思考图"中流程图的一种,呈现逻辑推理的过程,使思维路径和思维方法清晰可见。通过推理路径图,我们可以清晰地呈现逻辑推理的过程,搭建起基本图形之间的关联,寻找出不同问题的通性通法,感受变式特征抓住关键方法,理清逻辑段提高书写规范性,帮助学生自己做整理与归纳。

(五)反思分享

1 收获与共识

本次教研基于对四边形教学的共识,利用相对明确的方法进行教学设计与实践,在教学过程中比较好地体现出了"知识结构图""推理路径图"等可视化教学策略在几何教学中的应用,给听课教师以较鲜明的印象。

本次教研的微报告,针对可视化教学策略做了比较多的资料收集、整理归纳等项工作,将老师们比较熟悉的问题、做法进行相对比较系统的呈现,将可视化教学策略的优势、可行性等比较好地传递给教师。

本次的教研前期还从"空中课堂"中选出几节与主题内容相关的课,作为活动资源,有效提高了优课资源的利用,也是对将"空中课堂"资源作为教师在职培训资源的一次尝试。

---

① 何健.思维可视化:提升学生的逻辑推理力[J].数学教学通讯,2022-04-05.
② 石长虹.初中数学思维可视化教学课例设计[J].内蒙古教育,2020-06-25.
③ 刘濯源.当学习力遇到思维可视化——基于思维可视化的中小学生学习力发展策略[J].基础教育参考,2014-11-01.

通过本次的教研,对于几何教学,以两个图示为抓手,用教学手段的一致性提高教学效率,用可视化促进学生思维能力的提升。

2 问题与分析

虽然教研活动顺利完成,且取得了非常好的反响,但活动本身也还有不少有待进一步思考和改进的细节。

课堂教学需要有持续性,对于研究性的方法,公开课教学的教师愿意尝试并且取得了一定的效果,对于其他的各位教师来说,听课的感觉和自己上课的感觉还是有比较大的差异的,虽然在活动设计中已经对与活动相关的主题提供了很多的案例支撑,但是对于教师真正应用到实践中还是存在一定的困难的。

3 完善与推进

优化学习方式与深化学科育人二者密切相关。我们认为,数学的学习不只是知识的传递或解题能力的培养,而是学生在学习的过程中所形成的数学思维习惯和思维方法并能利用它来解决现实问题,是深化学科育人的核心。

通过可视化的教学手段促进学生真正的思维形成在活动中取得了一定的认识,后续需要进行的是基于实证的案例的积累。

针对教研的相关课程管理需要进一步细化,从课程的申报、实施、管理等流程上进行必要的梳理,同时要强化教研成果的孵化与落地。

第三节　初中数学学科主题教研活动实践反思

一、基于初中起始年级学生学习规范养成的单元设计与实践[①]

"基于初中起始年级学生学习规范养成的单元设计与实践"的协同研修主题是2013学年浦东新区六年级数学的教研主题,关键词主要包括中小衔接、学习规范、教学规范、单元设计等。

(一) 学习已有的经验

1 中小衔接

中小衔接涉及的问题比较多,而对于初中数学教师来说,更关注的是在书本上一直会出现的"我们已经学过",那么究竟学生学习过一些什么呢?对于浦东新区这个

---

① 本文曾获上海市第十五届教研员论文评选二等奖,部分内容被收录于《攀者有其径(2014年度上海市基础教育教研员论文评选成果集)》(上海科技教育出版社)第68—78页。

大区来说,还存在另外的一种情况,有些民工子弟小学并不采用上海的统编教材进行教学,也有部分的随迁子女并不是在上海就读小学的。因此,在前期进行的一项主要工作是对小学学习过的知识点进行梳理,同时还兼顾了几套用得比较多的小学教材内容,作为学习参考资料发给各位教师。

除了关注知识内容以外,还提出了学生的认知水平发展、认知能力高低、学习习惯、心理因素等对数学学习的影响,希望能够在后续的研修活动中更多地予以关注。

2 单元设计

中观教学设计能使教师获得操控教学时空资源的较大自由度和优化教学方法的可能性,往下可以合理协调课时之间的教学逻辑,往上可以较好地兼顾课程整体目标和知识结构。而采用单元教学设计是完成中观教学设计的一个比较简单、可行的方式。

单元教学设计就是教师在对学科教材进行完全的解读、剖析后,从一章或者一单元的角度出发将教学内容进行重组、整合,转化成符合学生实际的教学单元,根据章节或单元中不同知识点的需要及学生的特点,综合利用各种教学形式和教学策略,通过一个阶段的学习让学习者完成对一个相对完整的知识单元的学习。

由于多数教师均完成了教育技术的中级培训与考核,对于单元教学设计的理念并不陌生,因而我们的研修活动主要解决的是如何将理念与实践更有机地结合起来。

我们的教学设计基于学科本质、基于学校特色、基于学生学习,也基于教师特长。不同的教师在应对同样的教学设计时从实践角度展现的过程与获得的结果有比较大的差异性。为此,在研修活动中,我们更关注的是"同课同构"的差异比较以及"同课异构"的共性比较,希望每位教师能真正从研修活动中获得收获。

在预备年级的单元教学设计中,我们重点提出了两点:一是单元教学设计中的整体性:知识点之间的联系、数学思想的连贯性;二是教学实践中着力改进引入、复习以及拓展环节,以体现出单元教学设计整体性的优势。

3 教学规范

教学活动是一个完整的教学系统,它在前进过程中是由一个个相互联系、前后衔接的环节构成的。其中任何一个环节的活动如果脱离了整体或与整体不协调,就会削弱整体的效果。要提高教学质量必须认真研究教学的基本环节,并对这些环节提出质量要求。

从教师教的角度来看,教学工作的基本环节包括备课、上课、作业布置和批改、学生辅导和学业评价。从学校管理的角度来看,如果教学工作能够抓住备课、上课、作业、辅导和评价五个环节,制定明确而详细的制度,就能有效促进教师依照规范落实教学基本要求,逐步提升教学质量。

④ 学习规范

通过几年的调研情况，我们发现对于进入中学学习的很多学生来说，很大的不适应是来自学习过程，这与学生的学习习惯是有很大的关联的。之前也提到，在中小衔接中很值得关注的一点还包括学生的学习习惯。因此，经过对初中数学主要学习活动的分析，我们提出了预备年级学生学习数学要养成的习惯，并对教师也提出了相应的要求。

建议各所学校、各位教师根据自己的学校特色以及教学的要求进一步进行完善。

（二）了解实际的情况

① 学生数学学习习惯和方法调查

2013年9月，对部分学校的部分预备年级的数学进行了问卷调查。此次问卷采用纸质问卷调查并以电子表格形式加以汇总，共涉及36所学校，收回3333份有效问卷。问卷的总数约占全部预备学生数的8%。

问卷涉及"学生学习基本情况""对于一些数学学习环节的反馈"（课前预习、课堂学习、作业练习、课后复习）等内容。

问卷结果显示出几点问题：(1)学生对数学学习的兴趣不高；(2)各所学校之间存在一定的差异；(3)教师对于学生数学学习的规范需要进行指导；(4)教师的教学方式需要有所改变。其中，有35.37%的学生认为学习习惯是影响数学学习的主要因素，需要在预习方式、课堂学习、巩固练习、有效复习等环节上进行有效的指导。

② 现场教学调研促进实证研究

通过到各所学校的现场教学调研，我们发现很多学校建立了基于校本研修的学科教学研究项目，"目标导向教学单""目标学习法""提问激发思维碰撞"等都是几所做得比较好的学校的特色，在课堂教学中也确实体现出了特色之处。对于这些具有特色的学校研究，我们结合研修的主题，采用教学展示、成果交流等形式进行推荐，给教师尤其是备课组提供研修的案例，促进各个学校的研修活动的深入开展。

当然，在教学调研中也发现部分教师的课堂教学或课后辅导等存在一定的问题，尤其是在处理学生出现的一些问题时，教师采用的方式有很大的差异。针对这样的情况，对一些出现频率比较高的问题通过网上研修的形式进行讨论，而一些是教师已经很好地解决的，就进行教学展示或经验交流，并对一些可能会附带产生的后续问题进行预防性的提示。

由此，在实际的研修过程中，不断地生成一些小的研修主题，基本都是建立在实证研究的基础之上的，有一定的推广意义。

3 区域质量监测反馈改进研究

2014年1月,我们进行了区域层面的质量调研,调研问卷总体以及部分学校(35所)的抽样反馈显示,学生的学习习惯与方法确实存在很多需要优化的地方。

从各大题的得分情况看,填空与简答的得分情况比较好,对能力要求比较高的选择及解答题得分率比较低。对选择题的主要"干扰项",学生未能进行良好的区分,显示出学生在一些基本知识与分析问题时的能力缺失。

从抽样分析中呈现出的典型错误看,主要存在以下问题:

- 书写不清楚、不规范;学生学习行为习惯有待进一步养成;
- 基本概念掌握不准确;
- 计算能力还不够扎实,还不能有效选择灵活的方法进行计算;
- 理解题意不清,灵活解题及认真审题的能力有待进一步提高。

此外,从总体上来看,女生是比较占优势的,但是从小分情况来看,女生的优势多数在于基本的概念、运算以及简单应用,而男生在一些需要深入思考的问题当中显示出一定的优势。这与这个年龄阶段的男、女生发展特点是比较一致的。针对这样的情况,教师需要进行教学方法上的改进,以促进学生的全面发展与提高。

针对出现的问题,教师在研修活动中需要进一步加强概念教学、加强对学生的阅读指导等。

(三)设计专题的研修

在研修大主题的背景下,每一次的现场研修活动都有一个关注的点,例如教学设计背景的贴合、教材设计意图的充分理解与展现、整体与部分教学思想的应用等。

这些关注点没有提出明确的专题名称,不利于参与教师在研修活动之前进行准备,因此结合各种渠道获得的信息进行研修活动的改进,通过不断完善与修正,每次的现场研修活动都设计一个基于实证的研修小专题:《关注概念教学 提高课堂效益》(2014年3月18日,傅雷中学,《不等式的性质》);《利用课本资源,提高学生阅读能力》(2014年4月29日,蔡路中学,《一次方程组的应用》);《利用课堂提问,提高课堂效率》(2014年5月27日,高桥—东陆学校,《一次方程组的应用》《线段大小的比较》)等。

此外,结合现场的研修活动,在网上也进行了一些互动交流的主题研修。主要研修的主题有:《专题讨论:初中起始年级学生数学学习规范养成的方法与策略》《基于学生学习实际的教学改进》《期中复习策略与考试分析》等。

(四) 主题研修的案例

案例一：分数乘法的教材设计意图发掘

在二期课改上教版数学六年级第一学期课本中，关于分数的乘法有这样一段内容：

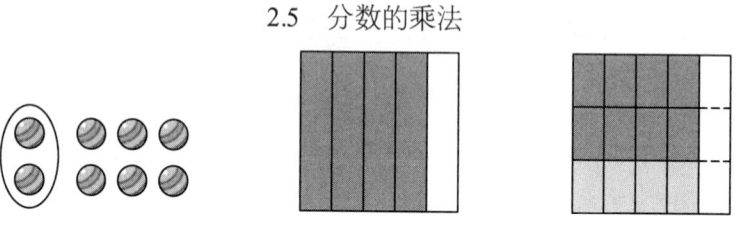

> **2.5 分数的乘法**
>
> 对于两个正整数的乘法，如 2×4，我们知道，它的意义是将"2"看成一个总体，然后扩大到它的 4 倍.
>
> 对于两个分数的乘法，如 $\frac{4}{5} \times \frac{2}{3}$，它的意义是什么呢？
>
> 如图，取一个边长为 1 的正方形，将一边 5 等分，取其中的 4 份，涂上粉红色. 粉红色部分是原正方形的 $\frac{4}{5}$. 把 "$\frac{4}{5}$" 看成一个总体，再将正方形的另一边 3 等分，取其中的 2 份，涂上蓝色. 此时粉红色和蓝色的公共部分（紫色）就表示 $\frac{4}{5}$ 的 $\frac{2}{3}$，也就是 $\frac{4}{5} \times \frac{2}{3}$ 的意义.
>
> 从图中可知，紫色部分占这个正方形的 $\frac{8}{15}$，即 $\frac{4}{5} \times \frac{2}{3} = \frac{8}{15}$.

很多教师不知道这段内容在教学过程中如何帮助学生去理解，经过对于前面所学知识与方法的回顾，在教学设计与实践中应该加强的是两个图形互相之间的联系，根据实际的图形变化过程展现出思考问题的过程，同时，加强学生对于这个问题思考的思维阶梯设计。

(一)着眼于意义的理解,关注已有的经验,激发求知欲

1. 复习分数的意义,为分数与分数乘法的意义做铺垫。

(1) 如图,图中阴影部分用分数表示为_____,分母 5 表示将总体等分为_____份;分子 4 表示取其中的_____份.

(2) $\frac{2}{3}$ 的分母 3 表示将_____等分为_____份,分子 2 表示取其中的_____份.

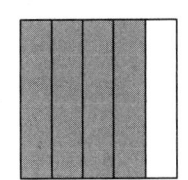

(3) $\frac{p}{q}$ ($q \neq 0$)的分母 q 表示将_____等分为_____份,分子 p 表示取其中的_____份.

上面的几组信息,几乎所有的学生都能够准确地找到被分对象被分成几份,取其中的几份,因此在后面的教学中,教师可以引导学生把前面的学习经验调动起来,为进一步理解分数乘法的意义扫清障碍。

2. 基于对整数乘法意义的理解,激发学生对分数与分数乘法意义的探索。

请说一说算式"2×4"的意义.

思考 $\frac{4}{5} \times \frac{2}{3}$ 的意义.

上述信息能够激发学生对已有信息的整合,提高学生的学习兴趣,为探索新知埋下伏笔。从 2 的 4 倍,过渡到 $\frac{4}{5}$ 的 $\frac{2}{3}$,让学生自主探究分数乘法的意义。

(二)整合已有资源,注重概念的发生过程,发挥主观能动性

依托分数的意义,发挥学生的主观能动性,自主探索分析分数与分数乘法的意义.

取一个边长为 1 的正方形(如图 1),将一边 5 等分取其中的 4 份,阴影部分是原正方形的_____(几分之几).

把 $\frac{4}{5}$ 看作总体(如图 2),将正方形的另一边 3 等分而取其中的 2 份(如图 3).公共部分表示 $\frac{4}{5}$ 的_____也就是_____×_____.

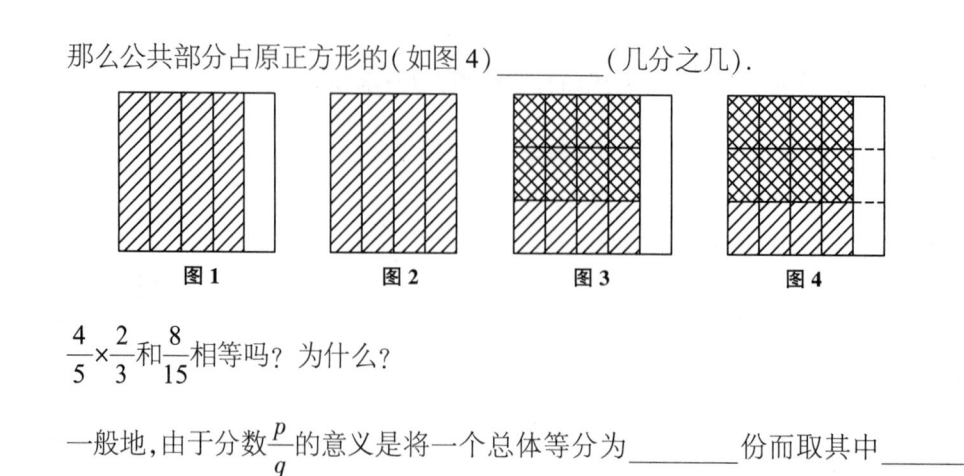

那么公共部分占原正方形的(如图4)_____(几分之几).

图1　　图2　　图3　　图4

$\dfrac{4}{5} \times \dfrac{2}{3}$ 和 $\dfrac{8}{15}$ 相等吗？为什么？

一般地,由于分数 $\dfrac{p}{q}$ 的意义是将一个总体等分为_____份而取其中_____份,于是我们把两个分数相乘 $\dfrac{p}{q} \times \dfrac{m}{n}$ 的意义规定为:在分数 $\dfrac{p}{q}$ 的基础上,把_____看作一个总体,"再"把它平均分成_____份取其中_____份,其结果是 $\dfrac{p \times m}{q \times n}$,即

$\dfrac{p}{q} \times \dfrac{m}{n} = \dfrac{p \times m}{q \times n} (q \neq 0, n \neq 0)$.

以上教学过程,学生在复习旧知识的同时,可以发现新知识,让学生体会到数学知识的螺旋式上升,能够用已有的知识结构探索新的问题,从而提高学生的学习兴趣。最后再以填空的形式让学生归纳总结,将规律总结为一般的情况。

通过这样的教学过程,一步步将图形与实际的数学意义结合起来,有效地完善了书本的设计意图。

案例二：圆与扇形的单元教学设计与实践

结合六年级上"图形与几何"部分的教学内容"圆",对教材编辑的逻辑顺序进行一定的调整。[①]

在实践中,东昌东校的潘清老师采用了这样的过程：

1 前置学习——操作实验

学生分小组进行课本 P105—P106 和 P111—P112 的操作实验,目的是通过操作

[①] 参见本书第一章中,"1.2 单元设计与课堂教学,从近到浸"中体现整册教材中的资料呈现逻辑的建议。

实验获取直观经验,体验"化曲为直"与"无限逼近"的数学思想。

② **课堂交流互助**

学生在课堂上将前置学习中实验的过程在小组内交流展示,测量数据进行公布。目的是集体共享、学习互助,发展合作、表达与交流的能力。

③ **课堂演示辅助(多媒体动态演示)**

教师借助课件进行测量实验(求 c 与 d 的比值)、割圆术以及等分圆拼接操作实验动态演示,目的是清晰化、精确化实验操作,为提炼归纳公式做充分铺垫。

④ **提炼归纳公式**

学生在实验操作和教师引导下通过抽象、概括、归纳导出圆周长、弧长、圆面积和扇形面积公式。

这样的过程使用了约一个小时的时间,课后做了小型调查问卷,87%的学生表示理解了四个公式(非记忆性的);领悟到周长、弧长、圆面积和扇形面积之间整体与部分的关系。

不足之处是缺少当堂的反馈测试练习。只能从当天作业反馈中了解到84%的学生能正确使用公式,但是书写表达不规范。

实践的结果表明,在学生学习新知识的活动设计中,对于理解意义部分的加强是很有意义的,在真正理解的基础上再对应用部分进行巩固与提高,效果会更好一些。

案例三:利用课本资源,提高学生阅读能力[①]

案例实施的背景

① **基于学生情况调研的分析**

在区域对于学生学习起点的调研以及学生学习状况反馈的基础上,蔡路中学备课组进行了学校学生群体的调研与特点分析。

蔡路中学是一所农村学校,本地户籍的学生数量日趋减少,其中大部分学生的数学基础薄弱,而进城务工随迁子女占到学校生源的80%以上,这些学生总体的学习习惯较差,他们的基础也都不尽如人意。鉴于以上的生源结构特点,为了更深入地把握

[①] 案例来自区级公开课教学的备课与展示过程,蔡路中学高宇丽老师整理研究。

学情,学校教师在预备、初一、初二年级的部分班级中对426名学生进行了"初中数学课内阅读情况问卷调查",调查结果如表2-3-1所示。

表2-3-1

1. 你喜欢阅读数学书吗?	A 喜欢,经常阅读(79人,18.54%) B 谈不上喜欢,有时阅读(82人,19.25%) C 不太喜欢,偶尔阅读(242人,56.81%) D 不喜欢,没有阅读(53人,12.44%)
2. 在课前,你有没有阅读数学书进行预习的习惯?	A 经常(57人,13.38%) B 偶尔(181人,42.49%) C 从不(188人,44.13%)
3. 你读数学书时通常会采用何种方式?	A 一目十行,不懂的从不探究,等老师讲解(67人,15,72%) B 像语文英语一样朗读,只背概念定理和公式(167人,39.20%) C 默读,理解整个概念,推理证明,不懂就问(144人,33.80%) D 仔细阅读,读写结合,边读边划边猜测边思考(48人,11.26%)
4. 在老师要求你们课内阅读数学书时,你是否在重点处画线? 是否在书旁批注?	A 经常(132人,30.99%) B 有时(176人,39.20%) C 偶尔(86人,20.18%) D 从不(32人,7.5%)
5. 你在解题的过程中是否出现过审题错误?	A 经常(110人,25.82%) B 有时(209人,47.93%) C 偶尔(96人,22.54%) D 从不(11人,2.58%)
6. 在家里写作业之前,你是否会先看一遍当天所学的内容(包括书和笔记)进行课后的反思阅读?	A 从来没有(77人,18.08%) B 有过,但不经常(290人,68.08%) C 经常如此(59人,13.85%)

通过对调查结果的数据分析,我们不难看出学校大部分的学生都没有课前预习性阅读的学习习惯,更谈不上课后反思性阅读。50%以上的学生在数学阅读的方式和方法上都存在问题,97%以上的学生审题出现过错误。

2 基于教师教学存在的问题

在教学过程中,很多教师出现了用多讲例题代替数学阅读、用多做习题代替数学阅读、只注重数学技能水平的提高等问题。从学生学习的过程中反映出来的就是学生平时几乎不看书本,从学生学习结果来看,"问题解决"类问题解题能力差!

而数学阅读是一种重要的数学学习能力,是数学思维的基础和前提,需要教师有意识、有目的、有计划、有方法地指导学生进行。

案例实施的过程

1 主题的确定

数学阅读的种类很多,实施的方法也多种多样,根据学生实际的学习状况以及教学实施的有效性预设,我们将本次案例的实践定位于"课内阅读"。

与"课前阅读"的预习,"课后阅读"的复习与拓展不同,"课内阅读"的重点在于阅读辅导与阅读交流,阅读的主要是课本。

2 方法的构建

在应用题的教学中,问题中关键信息的获得以及数量关系的确立十分重要。因此,通过"阅读加反思交流"的形式进行本案例的教学是主要方法。

在设计时,我们重点进行了以下几个方面的设计:

(1)将书本例题的作用进行了调整,将例题难度降低的变式作为范例,由教师引导下一起完成,将书本例题作为反思阅读的材料,与变式进行比较,交流收获。

(2)设计了做应用题的固定模式,读题—画关键句—找已知量、未知量—找等量关系—设元—列方程—解方程—检验—作答。

(3)设计了同一问题的多次阅读:第一遍阅读题目时要大概地明白题目的意思,理解是怎样的一个情境;第二遍时逐字逐句地细细阅读将关键的句子或字做适当的圈画;第三遍时主要推敲关键语句,看能不能得到等量关系,通过反复的阅读能够一步步慢慢地解决问题。

(4)设计了课内对教材的多次阅读。

3 实施的进行

(1)课堂模仿式阅读

关于课本例一的教学。

例1题干较长,学生理解有困难。先设计了一个题干较短、题意差不多的题目:"六年级(1)班、(2)班各有36人,(1)班女生人数是(2)班男生人数的2倍,(2)班女生人数是(1)班男生人数的2倍.两个班的女生各有多少人?"

在教师的指导下,学生和教师共同完成此题。让学生在此题中体会阅读应用题时要怎么读,要在阅读过程中画出关键语句,找出题目中的已知量、未知量,并找出已知量和未知量之间的等量关系,然后选择合适的设元方式设元,列式。做好这些铺垫工作之后,再要求学生模仿此题的阅读分析过程阅读书本的例一:"六年级(1)班、(2)班各有44人,两个班都有一些同学参加课外天文小组,(1)班参加天文小组的人数恰好是(2)班没有参加天文小组的人数的$\frac{1}{3}$,(2)班参加天文小组的人数恰好是(1)班没有参加天文小组的人数的$\frac{1}{4}$.六年级(1)班、(2)班没有参加天文小组的各有多少人?"

学生完成圈画阅读,教师提问再次采用问题链的形式完成解题过程。

提问1:这个题目的已知量和未知量是什么?有哪些量?

提问2:第一个等量关系由哪句关键语句得到?

提问3:第二个等量关系由哪句关键语句得到?

提问4:还有哪几个隐含的等量关系?

提问5:设元是用了直接设元还是间接设元?

提问6:第一个方程是由哪个等量关系得到?

提问7:$44-x$代表的是哪个量?由哪个等量关系得到?

提问8:第二个方程是由哪个等量关系得到?

提问9:$44-y$代表哪个量?由哪个等量关系得到?

提问10:最后解得的答案是什么?完成表格,为下面的练习做铺垫。

	没有参加天文小组人数	参加天文小组人数
六(1)班		
六(2)班		

这样分解有梯度的阅读方式有效地降低了题目的难度。再通过老师提问的方式检验和反馈学生阅读的效果,让学生在自己阅读的基础上再一次进行理解,并明确阅读内容的重点、难点,归纳出阅读的方法,提高自学能力和阅读能力。

(2)课堂反思性阅读

在解应用题的阅读分析时,我们需要用到反思性的阅读。一般解应用题审题时,就应该明确如何通过读题圈画出关键语句。先找出已知量和未知量,然后找出它们之间的等量关系,在分析的过程中,在设元、列方程组时引导学生回到题目进行第二次的阅读。例如:"六年级(1)班、(2)班各有36人,(1)班女生人数是(2)班男生人数的2倍,(2)班女生人数是(1)班男生人数的2倍.两个班的女生各有多少人?"这个题中有四个未知量,我们根据题目中要求的两个量进行直接设元后,另外两个未知量就要用未知数来表示,这时就可以引导学生回到题目进行再次阅读,寻找用哪个等量关系设元,从而确定列方程组用哪些等量关系。在检验时,我们要提醒学生进行第三次阅读,检验是否符合实际含义,再次理解题意。

案例实施的反思

在经过一段时间的实践和研究后,高老师对预备班4个参加实验的班级共185人进行了"利用课内阅读提高学生阅读能力效果"的问卷调查,调查结果如表2-3-2所示。

表2-3-2

1. 通过课内数学阅读,能否提高你学习数学的兴趣和信心,有利于数学的学习?	A 能提高很多(共106人,57.30%); B 能提高一些(共68人,36.76%); C 不能(共11人,5.95%)
2. 通过课内数学阅读,有没有让你开始重视数学教科书并进行阅读?	A 有,经常阅读(共93人,53.51%); B 有,有时阅读(共83人,44.86%); C 没有(共9人,4.86%)
3. 通过课内数学阅读,有没有提高你的阅读能力和自学能力?	A 有而且很显著(共57人,30.81%); B 有但不显著(共105人,56.76%); C 没有(共23人,12.43%)
4. 一道应用题	A 所有学生在题目上都有圈画痕迹; B 共156位即84.32%的学生有写等量关系; C 共139位即75.14%的学生正确

(1)通过数学课内阅读,最大限度地激发了学生学习数学的兴趣,并帮助他们树立信心。具体数据证明,喜欢学数学的学生数量有所增加,课堂效率有所提高,数学成绩也有所提升。

(2)学生阅读数学课本,进行课内阅读,可以有效地挖掘《数学》教材的价值,使学生能尊重教材,认识教材的重要性,并学会利用教材进行自主学习,提高自己的阅读能力。

(3)通过对数学课内阅读方式和技巧的指导,绝大多数的学生掌握了数学阅读的方法,部分学生的学习方式有所改变,大部分学生都认为数学阅读有利于数学学习。

(4)数学课内阅读有助于学生提高数学语言交流能力,实现三种语言之间的灵活转换。

(5)通过数学课内阅读教学,教师在教学理念和教学方式上都得以改进,更透彻地研究教材、设计问题、改善教法,做个引领者,给予学生足够的指导与帮助,教会学生学习方法,培养阅读能力,形成自学能力。

案例四:中小衔接的落实之一——线段与角

案例实施的背景

1 基于教学内容

在六年级很多的知识内容与之前的小学知识内容存在很多的重叠,经过整理,六年级第二学期主要有以下的几处(来自二期课改上教版教材),如表2-3-3所示。

表2-3-3

内容	小学	初中	备注
有理数	五年级(二)/二、正数和负数的初步认识 /正数和负数 /数轴	5.1 有理数的意义 5.2 数轴	
一次方程及其应用	五年级(一)/四、简易方程(一) /用字母表示数 /化简与求值 /方程 /找等量关系列方程,解应用题 五年级(二)/三、简易方程(二) /列方程解应用题 /小总结	6.1 列方程 6.2 方程的解 6.3 一元一次方程及其解法 6.4 一元一次方程的应用	
线段的相等与和、差、倍	一年级(二)/五、几何小实践 /长度比较/度量/线段 四年级(一)/五、几何小实践 /线段、射线、直线	7.1 线段的大小比较 7.2 画线段的和、差、倍	

续表

内容	小学	初中	备注
角	二年级(一)/五、几何小实践 　　　　　/角与直角 二年级(二)/六、几何小实践 　　　　　/角 四年级(一)/五、几何小实践 　　　　　/角、角的度量、角的计算 四年级(一)/六、整理与提高 　　　　　/数学广场——相等的角	7.3 角的概念与表示 7.4 角的大小的比较、画相等的角 7.5 画角的和、差、倍 7.6 余角、补角	
长方体的再认识	二年级(一)/五、几何小实践 　　　　　/正方体、长方体的初步认识 　　　　　/长方形、正方形的初步认识 五年级(二)/四、几何小实践 　　　　　/长方体与正方体的体积 　　　　　/长方体与正方体的表面积	8.1 长方体的元素 8.2 长方体的直观图的画法 8.3 长方体中棱与棱位置关系的认识 8.4 长方体中棱与平面位置关系的认识 8.5 长方体中平面与平面位置关系的认识	

从表中可以看出,"螺旋式"的痕迹比较明显,尤其是在线段与角这部分知识内容比较分散,而且与目前的学习阶段间隔的时间相对来说比较长。因此,在这部分的教学内容处理上,教师非常有必要进行一些调整。

2 基于学生认知

许多学生在学习"空间与图形"这部分知识时感到比较困难,学生的几何认知能力非常薄弱。学生在小学起始年级就已接触到几何图形,三年级开始能计算一些基本图形的面积,但进入预备班不少学生还停留在零认知的起点上。其实,预备班的教材中没有几何说理,只是安排了圆、线段和角、长方体的基本知识。尽管要求不高,但还是需要学生有一定的空间想象能力、初步的几何作图能力,能进行合理的计算,并能计算一些复杂图形的阴影面积。

仔细地对小学课程标准中相关内容的教学目标进行分析发现,小学学习"线段与角"这部分知识内容时更注重"直观",具体来说有以下几点值得关注:

(1)线段、直线、射线的表示法没有涉及;

(2)利用"线段定义法"来定义射线、直线,"运动"形成射线的概念;

(3)对于角只是认识,重点是角的特征,即"角有一个顶点两条边";
(4)直角是"折"出来的,锐角、直角、钝角的学习要求是"辨别";
(5)"同角的余角相等""对顶角相等"有结果,没有表述;
……

很显然,从教学目标的角度来看,学生对于这些知识的认知不是中学老师所理解的那样,加上学生的实际认知情况与教学目标之间还是存在一定的差异的,所以学生的认知对于这部分教学的处理也存在一定的影响。

3 基于教师教学

听了几节小学教师教授相关内容的课,活动设计与趣味性明显高于中学教师。中学教师在讲线段比较的时候经常用的例子"比身高""比笔的长短"等在小学一年的课堂上已经被学生玩得非常熟练。因此,在有些生源相对比较好的初中学校,教师利用这样的引例来"激趣"和"激思"效果非常不好。

鉴于这部分内容中存在的教学内容的表面一致性、学生认知的固有形态、教师常规教学的低效性,提出这样的实施方案,充分调动学生固有的认知,在重视衔接的基础上重点放在中小学知识内容、学习方法等差异上,真正把小学学习的知识内容作为新知识内容学习的起点。

案例实施的过程

根据事前的分析,将重点放在学生自我认识基础上的学习与反思方面,在几所学校,教师根据学校、学生以及自己的教学特点进行教学活动,之所以说是教学活动而不是课堂教学,主要原因是很多的内容是通过活动的形式在课堂外完成的。

实践一:高桥实验中学

高桥实验中学全称是上海师范大学附属高桥实验中学,由上师大附中委托管理,是一所位于高桥的初级中学。

高桥实验中学的朱柳香老师将课前活动与课堂教学融合在一起进行实践,重点是"线段与角的画法"。

在上新课之前她安排了一个探究活动,让学生自己先回顾与小学有关的线段和角的知识,通过预习比较了解本学期即将学习的知识,构建中小学知识的桥梁,比较方法的异同,最后通过小报或者电子稿的形式展现。

本小节课程安排2课时,教师安排了3课时。

第一步,在课前,先布置学生在家里完成小学有关线段和角的知识整理。

第二步,第一节课温故而知新,帮助学生一起预习本小节的内容,发现小学一年级就曾经学习过线段的叠合比较法和度量比较法,再让他们了解中小学阶段所学的比较方法的异同,然后还要学习哪些知识,从而体会几何语言的美妙所在。布置作业,让学生在自己成果的基础上合作完成探究集。

第三步,安排知识内容的教学,在教学中将数形结合的思想渗透给学生,使学生对数与形有一个初步的认识,为将来的学习打下基础。这节课是一堂起始课,它为学生的思维开拓了一个新的天地。

通过实践,教师总结:在传统的教学安排中,这节课的地位没有提到一定的高度,只是教给学生比较线段的方法,怎样画图,没有从数形结合的高度去认识。实际上,这节课大有可为。在教知识的同时,教师要注意渗透重要的数学思想。这一点不容忽视,在日常的教学中要时时注意。

实践二:傅雷中学

傅雷中学是位于周浦镇的一所初级中学。

傅雷中学的沈惠华老师的实践重点在于"基于单元教学设计的预习作业的设计和评价"。

预习作业的设计充分体现了教师对学情的分析与掌控,也凸显了教师对教学思路的把握,更促使学生有效地调控学习的方向。

预习作业的评价则更好地反馈预习的质态,有利于教师较为准确地把握学生对教材的理解程度以及认识的原点,及时调整教学预设、改变教学策略,更加有效合理地组织教学。

在实践过程中,学生通过各种形式的预习作业(数学小报、预习本),完成系列的问题,如已经学过了什么?还有什么不明白的地方?还想学习什么?新的内容的学习有些什么疑问?明确本单元知识困惑,获得方法上的启发。

通过预习作业,教师找准了学生学习上还需要改进之处,同时每个学生也对自己的学习有了反思与期待,在后续的教与学的互动中可以起到事半功倍的效果。

实践三：六灶中学

六灶中学是位于六灶的一所初级中学，学生中随迁子女比例很高，这次进行实践的班级内学生全部是随迁子女。

随迁子女给初中教学带来的一个比较大的问题是，这些学生在小学阶段学习的教材版本不同，造成了各种知识点的要求也不同。因此，六灶中学的于澎老师的实践与其他两所学校不同的是将比较与反思的重点放在了初中常规教学之后的复习阶段，通过设计的问卷将每个需要学习与掌握的知识点按照节进行分别统计，教师针对学生的问卷情况进行复习课的设计。

这样的问卷给教师提供的最大帮助就是，在复习课的教学设计上针对性更强，而且基本可以了解到每个学生的学习情况。对于学生来说，数学知识的延续性以及通过新的学习来弥补之前的学习中的漏洞可能对于今后的学习有更大的帮助。

案例实施的反思

做好中小学知识内容、学习方法的衔接可以调动学生学习的积极性，提高他们的学习兴趣，引导他们积极思维，使课堂的气氛更加活跃。同时用PPT和小报的形式总结展示，既让学生有效地温故而知新，又提高学生的归纳总结的能力。提高观察、实践、归纳、总结、应用的能力也是数学学习的核心。这是第一次尝试用探究的方法做中小学的衔接。一开始有点担心学生的能力，后来经过教师的帮助、同学的合作，每个学生都很积极地参与到这样的探究活动中，也起到了事半功倍的作用。

初中阶段的学生是一个个充满探究欲望和生命力的个体，他们有信心有能力解决符合他们现有认知水平和知识基础的新问题。数学内容是现实的，并且过程要成为内容的一部分，数学的学习方式不能是以被动听讲和练习为主的方式，而是要求给学生提供充分的从事数学活动的时间和空间，使学生在自主探索、亲身实践、合作交流中，认识数学，解决问题、理解和掌握基本的数学知识、技能和方法。学生的潜能是无限的，我们不仅要关注课堂，更要注重激发学生学习的兴趣，给学生创造条件和机会，让学生充分发表见解，展现自己的能力，发挥学习的主动性，促进学生个性发展。

单元教学设计是本年级教研活动的主题关键词之一，从单元教学设计的角度出发，要使单元教学设计有的放矢、目标明确、重难点突出，就必须了解学生的学习基础,其中课前章节预习就是重要的环节。获取、诊断并利用章节的预习信息对于单元教学设计具有重大的意义。一方面,教师通过章节预习可以确切了解学生当前的学习状态:学生已经学过了什么？利用学过的知识能够解决哪些问题？学过的知识中又存在哪些问题和障碍？所有的问题都可以在前期了解的基础上整合入单元教学设计中。另一方面,学生通过章节预习,可以了解本章节将要学习什么内容？重点和难点是什么？和之前所学的内容有哪些区别和联系？本章节的内容和内容之间有何联系？还有哪些东西是自己不懂的？对本章节的学习内容自己大致可以做哪些准备(知识、心理)？

教师通过获取的章节预习信息,可以更为清晰地了解学生情况,整体把握章节教学内容,为整合和开发教学内容提供决策依据。学生通过章节预习,不仅经历对知识的双重理解,而且能对知识结构进行深层思考。

案例五:中小衔接的落实之二——解一元一次方程

通过比较分析,我们已经知道一次方程及其应用在小学阶段是有所涉及的,遗憾的是在解方程中最有用的工具"等式性质"没有在小学课程标准中看到具体的内容与教学要求,而且在小学阶段解决的是一些"简易方程",就是具有一些特定形式的方程,例如:$ax+b=c, ax+b=c+d, a(x+b)=cx$,而类似于"$3x+3=5x-7$"这样形式的方程,小学不做要求且基本不涉及。

那么实际的情况是怎样的呢？

情况一,学生在解方程的过程中经常出现"左右不分"的情况,如:

> 解方程:$18-5x=7x+12$.
> 学生解:$7x+5x=18-12$,
> $12x=6$,
> $x=\dfrac{1}{2}$.

情况二,学生在解方程的过程中比较多地犯"左右混减"的情况,如:

> 解方程:$2x+3=5x+6$.
> 学生解: $3x=3$,
> $x=1$.

从结果来看,情况一的结果是正确的,情况二的结果是不正确的,而从解题的过程来看,情况一也存在一些不完善的地方,或者说有一定的"安全隐患"。由此,在情况一出现在新课教学中时,教师就将这个情况发布到研修网上进行讨论,讨论的主要争论点是,学生这样做可不可行,需不需要纠正。

从研修网上讨论的情况来看,有些教师认为既然是等式,左右不必太强调,所以不用纠正;有些教师认为,"移项"的方向性很重要,在解方程的过程中如果不要求清除的话对于后续解不等式会产生比较大的副作用;也有教师就这个问题专门问了出现这种解题过程的学生,发现很少有学生能否讲清楚自己为什么要这么做,这么做的原理又是什么。

对于这样的情况,认为应该对于解方程的原理要讲清说透,让学生能够真正地理解,在小学阶段"等式性质"不明确,在中学阶段将一次方程放在了代数式的教学之前,这都给教师的教学带来了一定的困难。同时,很多教师都发现,多数学生都自以为会解一元一次方程,听课的效率比较低。因此,找出学生的易错之处以及错误原因就非常关键。

同样地,对于情况二中产生的错误,有学生是这样回答的:两边都有 x 和数时,分别大减小,然后把含 x 的项放在等号的左边,数放在等号的右边。仔细分析这句话,操作过程非常简单而且好记,在只有正数的小学阶段可以说是所向披靡,而在数系扩大到有理数的六年级,就显得漏洞百出了,而学生是发现不了其中的漏洞的,因此教师更需要强调基本算理和算法。

通过研修网上的讨论以及案例的分析,在后续的教学中,类似的过程关注引起了教师们的注意,除了关心学生的答案外,教师更关注学生解决问题的过程,不管结果是否正确,关键要看学生怎么想的。

这个案例也启发我们,在中小衔接的问题上,除了对知识点的关注以外,更需要关注的是学生究竟已经学会了什么,怎么学的,这才能更好地以小学为基础进行后续的教学。

二、提炼关键要点，改进初中数学单元教学设计主题教研[①]

(一)分解单元目标、及时合理检测

中观的教学设计必须建立在各个微观教学设计的基础上，只有每个微观的设计都达到目标要求，才能最终实现中观层面的目标。

单元目标的最终实现是建立在各个微观设计的课时目标实现的基础上的，任何的目标都不是一蹴而就的。因此，在设计的时候，教师需要在对目标分解的基础上还要对目标进行分段，即在各个单元内的课时目标中，将最终的目标分阶段来实现。

以"掌握"这个目标为例：

从"掌握"这个目标本身的含义来看，要求是"运用到新的情境中"。在数学学习的单元目标中，这个要求是很常见的，那么问题就是，怎样达到这个目标呢？是否一个课时的教学就能达到这个目标呢？答案其实是不言自明的，这个目标的实现必须是"循序渐进"的。因此，我们可以将"掌握"这个目标分为如下阶段：

第一阶段：知道或能举例说明；从具体情境中辨认；表述为"知道"；

第二阶段：描述特征和由来；明确对象之间的区别和联系；表述为"理解"；

第三阶段：运用到新的情境中；表述为"掌握"；

第四阶段：综合运用知识，灵活、合理地选择与运用有关的方法完成特定的数学任务；表述为"运用"。

这样分阶段的好处在于，教师在教学中不必急于求成，将一个知识与能力目标分阶段的达成分解到各个课时目标中，不仅是目标描述上的区分，更重要的是教学内容处理、教学方式选择、学习方式指导以及目标达成检测等都可以比较顺利地实施。

(二)恰当处理单元问题、专题问题与课时内容之间的关系

单元问题需要各个专题问题的支撑，而这些专题问题之间的关联可以是"并联"关系也可以是"串联"关系，这两种关系联合在一起构成了相对比较完整的单元问题。

[①] 文章《改进初中数学"单元教学设计"主题教研的实践与反思》曾获上海市基础教育教研员论文评选二等奖，部分内容收录于《课改的回响(2016年度上海市基础教育教研员论文评选成果集)》(上海科技教育出版社)第81—91页，有删改。

单元设计在实际的实施中,是分解为各个不同的课时内容的,而课时基本是按照时间节点"串联"联结的关系,那么这就无法达到在单元问题分解为专题问题时的"并联"关系。因此,在单元设计的过程中,如何处理好单元问题、专题问题与课时内容之间的关系就是一个值得探讨的问题。

就目前实践尝试的情况来看,多数是利用课时与课时之间的空隙,即课前与课后的预习、测试、作业等环节来建立各个专题之间的关联,并根据学生实际的情况进行课时教学的"再设计"与调整,分析"知识点"与"能力点"在课前、课堂、课后的学生需要达成以及教师需要重点分析的情况,主要着眼于教学方式以及学习方式的设计上(见表2-3-4)。

表2-3-4

	课前	课堂	课后
目标分解	知识点	知识点	知识点
学习形式	个体认识 团体协作 ……	个体学习、反思 团体合作学习 个体、团队探究 ……	个体反思、巩固 个体、团队探究 ……
教学形式	预习内容设计 预习作业检测 教学设计 ……	答题解惑 活动组织 探究深化 ……	作业检测 活动组织 统计分析 ……
目标达成	能力点	能力点	能力点

案例一:"函数"(八年级第一学期)

这一单元的学习内容是:函数的概念、两个特殊的函数(正比例函数、反比例函数)、函数的表示法、函数的应用。它们之间的关联是从定义到特殊再到深化定义以及应用。

这一单元的学习关键是解析式、图像、性质及三者之间的关系,重点是函数解析式与函数图像之间的关系,用函数图像"直观分析"函数的特征,用函数解析式"直接分析"函数的性质。

在反比例函数图像与性质的第二课时教学中,涉及需要正确画出反比例函数的图像,经过分析正确认识反比例图像的基本特征。这两个内容看似比较简单,与正比例函数图像与性质的研究可以在方法上进行类比与迁移,但是由于反比例函数图像的一些特殊性,这两个内容都要在课堂教学中完成,有一定的困难。因此,对以上教学内容从关键词、学习过程、学习方式、学习工具、学习时段等角度进行了一些分解(见表2-3-5)。

表 2-3-5

学习内容	学习过程	学习方式	学习工具	学习时段
正确画出反比例函数的图像	尝试画图	个人学习	纸笔	课前
	分析图像	小组讨论 师生交流	媒体辅助	课堂
	对比图像	个人学习 小组讨论 师生交流	平板辅助	课堂
	正确画图	个人学习	纸笔	课堂
	对比检测	个人学习 小组讨论	平板辅助	课堂
	学习应用	个人学习	纸笔	课后
经过分析正确认识反比例图像的基本特征	直观分析 直接分析	个人学习 小组讨论 师生交流	平板辅助 媒体辅助	课堂
	总结特征	个人学习 师生交流	媒体辅助	课堂
	学习应用	个人学习	平板辅助	课堂
	学习应用	个人学习	纸笔	课后

在这些分解中,比较关键的几点是:

(1)将学生利用"列表、描点、画图"的尝试放到课前,在教师的监测下统一完成,这样就节约了在课堂上尝试画图的时间。此外,此时学生画出的图形往往存在一定的问题,而课堂的教学内容比较容易在学生的头脑中得到一定的强化,尤其在新课教学的起始阶段。经过教师的汇总以及课堂上利用画板画出反比例函数图像的直观比较、利用解析式的直接分析后,发现并纠正画图过程中可能出现的错误,随后改变 k 的取值,再由学生自己画出图像,并利用画板进行"验证"。这样,在课堂学习时间内学生基本上都可以画出一个相对比较正确的反比例函数图像。

(2)师生合作,利用画板以及画图软件画出多个反比例函数的图像,并结合正比例函数性质的归纳方法,将画出的函数图形根据 k 的取值进行分类;利用图像直观分析、通过解析式直接分析得到图像的基本特征,并进行总结与归纳。这一过程融合了生生对话、师生对话以及人机对话,从几个 k 的取值具有相同特征的反比例函数图像总结与归纳特征应该更符合数学学习的严谨性。

(3)在课堂学习的检测阶段,利用平板的数据即时收集与统计功能进行检测,涉及目标基本达成的基本应用题,形式以选择为主,教师可以对学生的学习情况做出即时的了解。

(三)提供判断、寻找解决问题的合理、优化策略

1 整体单元设计,重视学习的方法

在几何教学中,由于需要将教学内容按照课时内容进行分解,而几何学习本身对初一学生来说确实是一个难点,因此很容易造成"磕磕绊绊"的情况,主要体现在学习与应用过程中对基本知识的本质理解不够到位,知识应用的连贯性不好等问题上,教师教得累、学生学得也累。

结合课标要求以及教参的建议,我们从学生学习的方法或者认知特点的一致性角度对教学单元进行整体的设计,并对整体的单元设计进行课时的设计。这样的实践在第十一章《图形的运动》、第十三章《相交线、平行线》、第十四章《三角形》等章节中都进行了尝试。

总体来说,这三章的内容在小学都曾经接触过,但是学习的内容以及学习内容本质与要求都不相同。因此,做好知识的再现、矫正与深化,关注学习方法的差异与提升是关键。因此,我们将单元整合的角度重点放在学习方法的一致性引领上。

案例二:"图形的运动"(七年级第二学期)

第十一章《图形的运动》,重点在于形象认知,观察图形运动过程中的变量和不变量以及从本质上理解概念,建立概念间的区别与联系。因此,在教学中针对三种图形运动,既要有一致的研究角度,又要注意差异的发现与比较。在一致性上主要是研究的内容与过程,研究的内容主要是运动的方式(平移、旋转、翻折)、运动前后的不变量(图形的大小、形状都不变)、运动产生新的数量与位置关系。这些研究内容在教材中的呈现并不是非常一致,因此需要教师根据学生的学习情况进行统整后再进行分课

时教学。而研究过程中,教师需要把握"点、线、形、点"的主线,将研究的过程细化,避免一些不必要的混淆,最典型的混淆就是旋转角与对应角的混淆,需要在研究教材的基础上对过程进行必要的完善(见表2-3-6)。

表2-3-6

运动的方式	运动前后的不变量	运动产生新的数量与位置关系
平移	图形的大小、形状都不变;对应线段相等、对应角相等	对应点间的距离相等;对应点的连线平行
旋转		对应点到旋转中心的距离相等;对应点的连线经过旋转中心
翻折		对应点的连线段被对称轴垂直平分

在不同中找到共同具有的性质以及解决问题的基本方法更重要。

2 改编教学流程,减少机械的记忆

案例三:"因式分解"(七年级第一学期)

同样,在第九章《整式》的学习中,学生对于因式分解,尤其是利用十字相乘法和分组分解法进行因式分解存在比较大的困难。在原先的教学设计与实践中,提公因式、利用乘法公式、十字相乘法以及分组分解法基本是以课时为单位进行独立教学的,它们之间并不存在关联,而且前三个的教学引入主要都是从乘法公式引入的。这样的教学会造成学生最后分开都会、混起来就乱的情况。因此,结合教参中提出的本章教学关于因式分解的建议"用整式的乘法反向验证因式分解"以及要着力体现的"特殊到一般""一般到特殊"的数学思想,选择《十字相乘法》一课着力进行实践。

一位教师将如何对一个二次三项式进行因式分解直接作为问题引入,先解决问题,再用整式的乘法反向验证,然后形成一般化的方法。

问题1:分解因式:x^2-6x+9.

问题2:如何将 x^2-6x+8 分解因式?

$$\begin{aligned}解:原式&=x^2-6x+9-1\\&=(x-3)^2-1\\&=(x-3+1)(x-3-1)\\&=(x-2)(x-4).\end{aligned}$$

观察：$x^2-6x+8=(x-2)(x-4)$.

另一位教师将十字相乘法因式分解挪到了公式法因式分解之前,通过两个系数都为1的一次二项式相乘：$(x+a)(x+b)=x^2+(a+b)x+ab$,以及因式分解是多项式乘法的逆向运算的关系,得出十字相乘法因式分解的方法。在后续的公式法因式分解教学时,教师将完全平方公式与平方差公式的因式分解看成特殊的十字相乘法因式分解进行教学。

以上两个不同的教学设计与实践,套用一句俗语就是"不管黑猫白猫,捉住老鼠就是好猫"。另外,在数学思想方面有两个重点：一个重点在于"特殊到一般",主要表现在,利用特殊性解决新问题,即"完全平方公式+平方差公式＝十字相乘法"。另一个重点在于"一般到特殊",主要侧重于探究一般的过程,完全平方公式与平方差公式的应用是特殊的十字相乘法应用。

这样的教学设计,主要想教会学生以因式分解为目标来理解并掌握一般的方法,学会思考并寻找解决问题的途径,通过几种方法之间的关联来促进学生真正理解,同时将学生从生搬硬套因式分解的基本方法中解放出来,学会灵活应用因式分解的基本方法。

③ 设计探究活动,提高学习的效能

按照课程标准提出的数学学习"四基"要求：基础知识、基本技能、基本思想以及基本活动经验。从基本思想的角度来看主要是数学抽象的思想、数学推理的思想、数学模型的思想。从基本活动经验的角度来看,基本活动经验是过程性目标实现的标志,需要依靠丰富多样的数学活动的支撑,在设计与实施中和过程性目标建立联系。基本活动经验的获得是一个长期的过程,需要在教学中不断地找到合适的时机、内容和形式。上教版教材提供了不少的探究主题和阅读材料,而如何用好这些探究材料,需要建立在单元教材设计的基础上,选择适当的时机和活动形式,对这些探究主题与活动进行必要的重新设计与整合,真正起到提高学习效能的作用。

案例四："边.边.角"……（七年级第二学期）

七年级第二学期第十四章最后给出了一份阅读材料"'边.边.角'能判定三角形全等吗？",从阅读材料所涉及的内容来看,学生在没有教师指导下进行阅读是存在很大困难的,而且阅读材料的最后还提出了问题,没有指导也没有答案。因此,这份阅读材料本身还需要教师做出必要的设计并且指导学生进行学习。另外,从阅读材料的标题看,与之相关的学习活动放在什么位置、以什么样的主题作为活动的主题也是需要思考的。如果放在整章教学的最后,那么显然学生不需要阅读直接就可以得出结论;如果放到三角形全等的内容学习的同时,就需要将活动主题进行修改。

如何来处理和设计探究活动是建立在单元设计的基础上的,探究活动在单元中的地位和作用决定了活动的主题、活动形式以及重点。从三角形全等的单元设计角度(见本书第三章的3.1.1"分""合""联":整体建构教学内容),通过画三角形以及唯一确定三角形的探究来进一步探究三角形的全等条件是主线。因此,我们将探究活动与画三角形部分内容相整合,放到三角形全等条件的探究之前,将探究活动的重点放在根据已知条件画三角形以及能否画出唯一确定的三角形上,不改变教材阅读材料中给出的问题,探究问题设计如下:

探究问题:已知线段 b、c 和角 β。画 $\triangle ABC$,使 $AB=c$,$AC=b$,$\angle B=\beta$.

探究活动的"序"是非常重要的,给出的探究问题其实是一个不确定条件的问题,按照之前学生的给定条件画三角形的活动经验,学生有以下的基础:

(1)画图:画一个角等于已知角,画一条线段等于已知线段;

(2)顶点确定:根据条件画出三角形是一个依次确定顶点的过程;

(3)三角形的存在性与唯一性:通过顶点的位置来判断三角形的存在性与唯一性。

在探究的过程中分别对角 β,线段 b 与 c、b 与 h(点 A 到 BC 边的距离)进行分类讨论,逐步形成每一个分类情况的结论(见图 2-3-1)。

随后根据探究问题的目标,形成关于"边.边.角"条件下画出三角形的存在性与唯一性的结论(见表 2-3-7)。

这样的探究活动设计完善了整个单元的内容,将给定三个条件画三角形的分类进行了完善,同时,对于三角形形状的唯一确定性与三角形全等之间的关系进行了完善,也解决了知道结论后的"伪探究"问题,对于学生的学习来说,整体性加强,提高了学习的效能。

三角形存在性与唯一性

设点 A 到 BC 边的距离为 h.

	β 为锐角		β 为直角 此时,$c=h$.		β 为钝角	
存在性	$b<h$	不存在	$b<h(c)$	不存在	$b\leq c$	不存在
唯一性	$b=c$	唯一存在	$b=h(c)$	不存在	$b=c$	不存在
	$b>c$	唯一存在	$b>h(c)$	唯一存在	$b>c$	唯一存在
	$b=h$	唯一存在				
	$h<b<c$	存在不唯一				

图 2-3-1

表 2-3-7

	β 为锐角	β 为直角	β 为钝角
$b>c$	画出一个唯一确定的 $\triangle ABC$		
$b=c$	画出一个唯一确定的 $\triangle ABC$		不能画出 $\triangle ABC$
$b<c$	$b=h$, 画出一个唯一确定的 $\triangle ABC$	不能画出 $\triangle ABC$	
	$b<h$, 不能画出 $\triangle ABC$		
	$h<b<c$, 不能画出一个唯一确定的 $\triangle ABC$		

注:设点 A 到 BC 边的距离为 h.

(四)整合学段大单元的资源与方法

1 利用单元内资源突出课时教学重点

练习巩固在很多的教学内容中是非常必要的,如果例题、练习的设计不好或者"思维量"不够的话,就会对教学重点的突出造成一定的影响。但是,单纯地增加"练习量"对整个课堂的教学时间以及学生的学习也是一个比较大的挑战,如何将教学重点在有限的课堂教学时间中体现出来也是教学设计与实践中的一个难点。站在单元教学设计的角度,教师可以利用单元内的资源,包括例题的变式、练习题的改编等形式来达到"练习量"与"思维量"之间的均衡,更有效、明确地突出课时教学重点。

案例五:"根的判别式"(八年级第一学期)

一元二次方程根的判别式是八年级第一学期一元二次方程这一单元中的内容,这个内容本身难度不大,但是从教材例题以及课堂练习的呈现角度来看,本课时对"一元二次方程"的重点强调还不够突出,因此很多教师在教学过程中,通过补充例题与练习来进行弥补。但是,单纯地增加"练习量"对于学生学习来说,可能没有达到预设的效果:首先,学生可能会花费更多的时间在"Δ"这一代数式的计算与化简上;其次,由于每个问题都是独立的,学生可能在一课时的学习中无法通过比较来总结出关键点。因此,建议在教学实践中将课本的例题直接进行变式:

上海教育出版社　九年义务教育课本　八年级　第一学期(试用本)第41页。

例题3 当 m 取何值时,关于 x 的方程 $x^2+(m-2)x+\frac{1}{4}m^2-1=0$

(1)有两个不相等的实数根?

(2)有两个相等的实数根?

(3)没有实数根?

(4)有两个实数根?

建议教学形式:第(1)题详解,(2)、(3)、(4)题都由学生自己出题,一起快速完成。

变式1:

(1)当 m 取何值时,关于 x 的一元二次方程 $\left(\frac{1}{2}m+1\right)x^2+(m-2)x+\frac{1}{2}m-1=0$ 有两个实数根?

(2)当 m 取何值时,关于 x 的一元二次方程 $\left(\frac{1}{2}m+1\right)x^2+(m-2)x+\frac{1}{2}m-1=0$ 有实数根?

(3)当 m 取何值时,关于 x 的方程 $\left(\frac{1}{2}m+1\right)x^2+(m-2)x+\frac{1}{2}m-1=0$ 有两个实数根?

(4)当 m 取何值时,关于 x 的方程 $\left(\frac{1}{2}m+1\right)x^2+(m-2)x+\frac{1}{2}m-1=0$ 有实数根?

建议教学形式:归纳第(1)、(2)、(3)题本质上是一样的,但是要强调一元二次方程根的判别式需要在一元二次方程的前提下,即二次项系数必须不为零,(4)题需要进行讨论,原方程为一元二次或一元一次方程。

变式 2:当 m 取何值时,关于 x 的一元二次方程 $\left(\dfrac{1}{2}m-1\right)x^2+(m-2)x+\dfrac{1}{2}m+1=0$ 有两个实数根?并求出这时方程的根(用含 m 的代数式表示).

建议教学形式:学生自己完成,难度要求略低于变式 1,但是学生易受变式 1 的影响,要强调最终结果是如何获得的。增加的后半个问题,是用来代替书本中的例题 4,同时强调一元二次方程的两个等根与一元一次方程的一个根的区别。

变式只改变了问题的形式,但是未改变"Δ"的值,增加"思维量",降低不同问题所引发的"计算量"。同时,学生可以通过相同"Δ"值的一系列不同问题进行比较,总结出课时学习的重点,提高课堂教学的效率。

2 数学方法在学段大单元中合理串接

案例六:"配方法"

"配方法"在初中教材中出现了两次,而这两次的间隔时间与实际方法存在一定的差异。

第一次:八年级第一学期"一元二次方程的解法"中有"配方法",在利用配方法解一元二次方程时,第一步是利用"等式性质"在方程的两边同时"除以"二次项系数。

第二次:九年级第一学期,"二次函数"学习过程中,将一般式化为顶点式的时候使用"配方法",而此时的配方法第一步是利用"代数式恒等变形"将二次项系数作为公因式"提出"。

这两次的"配方法"间隔时间比较远,但是"配方法"解一元二次方程对于后续的二次函数一般式"配方"的影响不小。很多学生在二次函数配方时还是喜欢用"除以",这一方面是对于所用的是"等式性质"还是"代数式恒等变形"不理解,另一方面也是因为有"先入为主"的倾向,另外,有些数据确实是"除以"比"提出"更简单。

在教学中,教师也注意到了这一点。因此,在九年级的教学中,教师反复地进行强调,是"提出"而不是"除以",但是对于很多学生来说只是"记住"阶段,难免要混淆。

其实从教材所涉及的内容来说,"配方法"在"代数式恒等变形"中被利用的次数还是比较多的。从"整体设计"的大单元来说,与"一元二次方程 $ax^2+bx+c=0$ $(a\neq 0)$""二次函数 $y=ax^2+bx+c\,(a\neq 0)$"相关的还有一个重要知识点"二次三项式

$ax^2+bx+c(a\neq 0)$",而"二次三项式"的"因式分解"中就可以适当地渗透"配方法"。从教材体系来说,"二次三项式"的"因式分解"出现在两个年级,分别是在有理数范围内因式分解,在七年级第一学期;在实数范围内因式分解,在八年级第一学期。这两处的教材中仅仅是提出问题,而用最终的结果来解决问题,分别是"十字相乘法"和"一元二次方程求根法"。但是,探究的过程究竟是怎么样的呢?怎样得到最终的方法呢?其实我们可以利用"配方法"来解决问题,而这两处的"配方法"实质上就是"代数式恒等变形"。

我们来看一下用"配方法"串接起来的大单元设计之后对于教学方式的处理产生的一些变化(见表 2-3-8)。

表 2-3-8

年段	教学内容	教材分析	教学过程	与"配方法"的关系
七年级第一学期	二次三项式在有理数范围内因式分解,十字相乘法	1. "十字相乘法"因式分解在"提取公因式法""公式法"之后,学生已经比较了解因式分解的概念,也对因式分解与整式乘法的关系比较了解,但是对于从两个一次项系数为 1 的一次代数式相乘得到二次三项式来推导一般化的十字相乘法还是有困难的; 2. "十字相乘法"因式分解其实可以由"完全平方公式+平方差公式"推导得出,先解决问题,再从整式乘法进行验证寻找一般化的方法	1. 提出问题:在有理数范围内因式分解:x^2+6x+5、x^2+6x-7; 2. 利用已有知识尝试进行因式分解; 3. 类比之前学习中整式乘法与因式分解的关系,进行一般化方法的探究; 4. 一般化方法的练习与巩固; 5. 变式练习,推广到含多个字母的形式	"完全平方公式+平方差公式"推导"十字相乘法"的过程就是"配方法",此处的"配方法"设计的二次三项式的二次项系数为"1"
八年级第一学期	用配方法解一元二次方程	1. 一元二次方程的解法由"特殊的一元二次方程的解法"到"一般的一元二次方程的解法"; 2. "特殊的一元二次方程的解法"中包含"直接开平方法"和"提取公因式法",蕴含了"化归"思想和"降次"策略,并且引用了"因式分解法"; 3. "一般的一元二次方程的解法"中引入"配方法"及"公式法"	1. 由已经解决的问题提出其他解决问题的方法; 2. 例题讲解; 3. 方法归纳(此处对于第一步建议可以不强调采用两边同时除的形式,还可以利用提取的形式); 4. 使用适当的方法进行因式分解	第一次明确提出"配方法",注意需要对于"代数式恒等变形"以及"等式性质"的差别进行必要的区分。 "配方"的概念:通过添项(或拆项)配完全平方式的过程

续表

年段	教学内容	教材分析	教学过程	与"配方法"的关系
八年级第一学期	二次三项式在实数范围内因式分解,公式法	1. 属于一元二次方程的应用; 2. 二次三项式的因式分解从有理数范围拓展到实数范围; 3. 利用二次三项式因式分解后两个一次式中的常数项与相对应的一元二次方程的实数根之间的关系引入与验证,得出二次三项式在实数范围内因式分解的基本方法	1. 二次三项式在有理数范围因式分解; 2. 提出问题,数系扩充到实数范围后是否还能进行因式分解? 3. **利用"配方法"先解决问题;** 4. 利用二次三项式因式分解后两个一次式中的常数项与相对应的一元二次方程的实数根之间的关系进行验证,得出二次三项式在实数范围内因式分解的基本方法	与"十字相乘法"因式分解的推导类似,数系扩大后,对于一个数的平方根范围就扩大了,因此"完全平方公式"与"平方差"公式的应用范围就扩大了
九年级第一学期	利用配方法将二次函数一般式化为顶点式	1. 以二次项系数为1的二次三项式结合对应的二次函数平移为引例提出配方的方法; 2. 直接提出任何一个二次函数解析式的一般式都可以经过配方化成顶点式; 3. 以例题的形式进行"配方"的教学(边款中将二次项与一次项单列后利用"等式性质"进行变形)	通过二次函数解析式与二次三项式之间的关系进行探究	利用"代数式恒等变形"来对二次函数进行配方

三、同课异科、同课异教,错时整合,体现真实学习活动

当前"5+2"和"双减"背景下,我们在发挥浦东优秀教师团队引领作用的基础上,通过部分学校备课组、教师基于教研主题在线交流和分享,给教师们提供可借鉴的方法策略与资源,促进教师改进教学、落实教学活动、提升教学质量。

（一）活动的主题和期望目标

教师在备课中应加强单元活动设计,规划学生自主探究类活动。在初中数学项目式学习中,教师的指导和参与是至关重要的,要帮助学生增强应用意识和创新意识。关于数学阅读,教师需要思考如何在教学中给予学生充分的对话时间和空间,通过对话来促进学生的数学思维和数学理解。改进教学方式,采用因材施教和引导探究教学策略,可以增强学生学习动力,改善学习品质。基于以上想法,2021学年第一学期六年级教研主题以四个关键词"活动、项目、阅读、教学"的形式呈现,展开细化为:

基于单元整体规划的数学学习活动;

基于学习能力提升的学科项目学习;

基于基本素养养成的全科阅读指导;

基于深度学习引发的教学方式改进。

从教研活动期望目标的角度,希望关注新入学的六年级学生的学习习惯养成情况,以阅读与笔记为基本要求;关注首次担任六年级教学的教师对于教材的理解以及教学的基本情况;"双减"背景下,六年级的数学教学与作业的设计与实施探索;依托项目化学习,以教材拓展、阅读等栏目以及相关好的问题为蓝本,开展数学学习活动以及项目化学习,注重过程性的积累。

（二）活动的方式和基本流程

由于疫情不稳定情况下的防控要求,本学期的教研活动基本上采用在线为主、线下为辅的方式进行,在线教研时间紧凑,效率比较高,但是对于资源、互动等的要求就会比较高。本学期的教研活动主要先在资源上做文章,提供有用的、可持续性、有参考价值的资源成为需要重点解决的问题,动态的资源开发、收集、整合等就成为活动的主要方式。针对课本上拓展活动多的特点,教师应整合空中课堂资源,开发新的"有生"活动资源。

从基本流程上说,基本也是将资源作为主线进行了串接,主要的流程如图2-3-2所示。

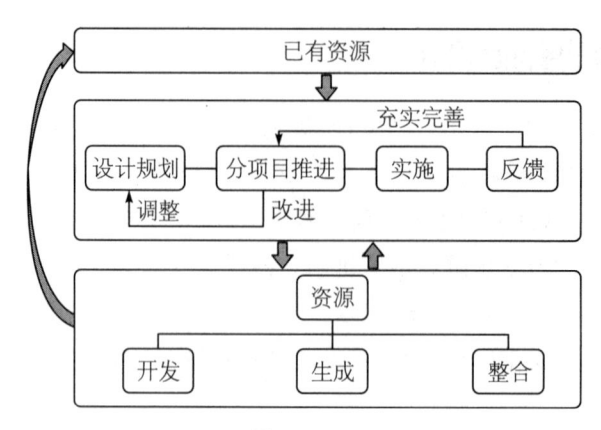

图 2-3-2

关于资源部分说明如下：

已有的资源：课本、练习册；"空中课堂1.0"视频、学作单；

开发的资源：几个专题的活动设计与实施案例，跨学科项目化学习的设计与实施案例；

生成的资源：学校备课组集体备课反思、专题微讲座、教学研究课；

整合的资源：单元作业、习题编制。

(三)活动的过程和重要环节

本学期的教研活动，总的过程是在基本规范性要求的基础上，通过丰富的资源进行各次的主题教研活动，用主线串联，利用在线教研资源分享便捷、利于回看的优势，将系列化主题教研贯通成一个大的教研活动，每次的教研活动都是其中的一个环节，经过提出建议、方案设计、案例实践、案例推广、活动反思等环节，融合多种活动形式，呈现完整的过程。

本学期主题教研的核心内容是以第四章《圆与扇形》开展的。

提出建议：

① 整体单元教学设计视角

怎样在对教材资源顺序充分理解的基础上，结合整册教材的编写思想进行微调，进行更加充分的设计，并且落实到课堂中？

② 跨学科项目化学习视角

项目化学习是一种由真实需求出发，驱动学生主动持续探索问题，协作解决并形成分享成果的学习形态。跨学科项目学习的推进是一个不断回归综合学习本质、深刻理解核心知识和经历深度学习的过程。核心特征体现了跨学科统整,强调学习的实践性和社会性,凸显课堂学习的真实性、综合性、发展性,从中也体现了跨学科项目学习对于"能力""学习""成长"的定义和认知。

六年级学生在学习圆的过程中有比较多的实践活动,基本都会涉及测量,而对于六年级的学生来说,测量的方法可能不是难点,真正的难点在于正确地进行测量,并且要提高测量数据的真实性与准确性。而在六年级的《科学》课本中,有一项学习主题就是"测量",那么科学与数学之间是不是能够有机地整合起来呢?

方案设计、案例实践、案例推广、活动反思

针对跨学科项目化学习,我们做了两个学科的教材分析以及一些学生学习情况与案例的收集。与科学学科教研员联合找到一所六年级的科学教师、数学教师对于项目化学习都比较有兴趣且有一定基础的学校——进才外国语学校。基于教师的教学特点、学生的学习情况以及项目化实践条件的分析,制订相关的方案。

首先,选定主题——圆的周长。

其次,对这部分内容的项目化学习进行必要的分析:初中预备年级数学课关于《圆的周长》的教学与学习中存在教师将关键性结论直接以经验性的方式告诉学生,而学生也只是被动接受结论,记住公式后应用公式解决问题,严重弱化了学生对知识获取的过程和情感体验。所以需要通过小组合作、实验操作(实物测量)以及观察、归纳和概括得出结论的方法实施教学,而且实施时间会持续较长;对于测量的基本方法以及策略,需要科学课提供前期支撑。为此,数学教师与科学教师可以实现跨学科合作目标。学生参与则是为预备年级全体学生课后服务时段的自主拓展。

最后,确定项目化学习过程中各个阶段的主要学生活动、教师活动以及主要的目标(见表2-3-9)。

表2-3-9

阶段	活动目标	科学教师	数学教师	学生活动
第一阶段	学会测量的基本方法,能够选择适当量程的刻度尺并规范使用,测量出指定物体长度;能够如实地记录和正确处理数据,通过小组活动,讨论出一些测量特殊物体长度的方法	介绍测量工具的类型(直尺,卷尺等),量程,最小刻度值。观察刻度尺的零刻度,量程,最小刻度值	提供单位换算练习	观察刻度尺的零刻度,量程,最小刻度值,完成学习单上刻度尺使用说明书

续表

阶段	活动目标	科学教师	数学教师	学生活动
第二阶段	测量学校操场的周长。用第一阶段所习得的方法，通过小组交流，讨论测量操场的方案并进行测量	将学生分小组，5~6人一小组，每组分发20 m卷尺一卷，长绳三根	协助	小组合作测量操场外圈或内圈的长度。小组讨论测量方案，完成直线长度的测量和弧线长度的测量
第三阶段	数据统计与分析	测量结束后，指导小组成员课后整理数据，并进行讨论总结；学生交流结束后，教师点评每个小组的表现，然后采用学生数据进行分析，师生通过讨论如何正确取舍数据，进行统计	协助	每个小组派一名成员发言，描述本组在测量时遇到的困难，以及本组是如何解决的。反思本组测量的数据是否可靠，如有误差，会发生在哪些方面
第四阶段	通过操作实验，类比正方形周长与边长的关系，引出圆周长与直径可能存在的关系，得出圆的周长 C 与直径的数量关系，形成圆的周长公式		提出问题，指导解决	通过已有数据和经验探究发现圆的周长与直径的关系
第五阶段	了解故事，走近历史，感悟数学，增加民族自豪感和自信心			查阅关于圆周率的相关历史知识

本项目学习在学校课后服务时段持续一周左右的时间进行，在学习的过程中，学生长时段多角度地参与学习过程，让学生在小组合作的基础上动手操作、观察总结，引导学生循序渐进，最后将圆的周长与直径之间的关系自然地归纳出来，层次清楚，深入体验知识的获取，对知识的理解更加深刻；布置了学生查阅历史上关于圆周率的史实资料，渗透了学科德育。利用课后时间进行跨学科项目式学习，开展丰富多彩的课程服务内容，为学生提供学习和发展空间；满足学生个性化与多元化需求，促进学

生全面健康成长。

本项目化学习的关键要素在于前期的设计与规划,适度整合两个学科基本教学要求中的相关联内容,调整教学形式,以学生活动为主导适度调整各个活动环节实施的时间与流程,教师更多地站在指导的角度参与,数学教师是"顺势"提出一个学科性比较强的问题,将跨学科项目化学习与专项学科的基础性学习这两个学科的效能最大化,打破学科壁垒,形成全方位、立体的思维。

在主线串联的基础上,结合六年级数学教学的特点以及"双减"相关政策,我们从备课组建设、作业案例推荐等角度,综合提升教研活动的效度。

以备课组建设为例,在当前"双新""双减"背景下,教师在备课中关注教学反思,通过寻找问题→反思原因→思考对策→再次实施→观察效果这一模式,提升自我教学能力是至关重要的。教师改进教学方式,采用因材施教和引导探究教学策略,可以增强学生学习动力,改善学习品质,促进学生的数学思维和数学理解。教师个人要追求自我教学能力的提升,教师团队要充分发挥备课组的集体效用。周浦实验学校六年级备课组由一名成熟教师和三名年轻教师组成,成熟教师的技巧与经验、年轻教师的想象力与创造力,擦出了智慧的火花。备课组以于澎老师的精品课为蓝本,新人走旧路,为的是推陈出新。基于教材,基于认知基础,以任务驱动教学,基于学情设计恰时恰点的问题,帮助学生顺利完成实验操作,在数学实验操作环节让学习真正发生,进而帮助学生积累经验,提高思维品质。我们经历集体研习→个人备课→说课展示→主题讨论→个性化设计,交出了一份同课异构的优秀答卷!

选择周浦实验备课组的另外一个原因是在上海市优秀试卷、作业案例评选中,周浦实验于澎老师领衔的区域跨学科团队获得二等奖,获奖的材料被转化为区域的教研资源提供给全区的学校使用。

(四)活动的持续和跟进行动

本活动重点关注同课异科错时整合,同时通过一节课的同课异教,使跨学科、跨时间的学习活动充分呈现,希望给老师们带来启发和思考。同时,我们要关注单元活动设计,规划学生自主探究类活动,改变学生学习形式,让学生的学习真实地发生。更要设计好的单元与课时作业,使作业成为提质增效的重要抓手与保障。

教研活动设定的几个重点突破口或者转型点包括如下几个方面:

1. 从关注书面作业转向关注学生的课堂笔记、单元跨课时作业(以任务驱动的活动和项目式学习为主),从关注学生的个体学习转向小组合作学习;

2. 加强学校教研组备课组对于学生作业设计的指导,以获奖案例为抓手,开展研讨、交流工作;

3. 以目标为导向,指导教师对数学题、数学问题进行分析,避免低层次同类别题的反复机械训练;

4. 利用空中课堂资源,研究课堂有效、高效的策略以及混合式教学的有效方式。

上述几个方面在实际的活动中都有所涉及,而且就资源的角度而言获得了一定的积累,也在整体的串接式活动过程中不断地累加,收到了一定的成效。

第三章
单元整体规划下的初中数学课堂

2019年11月,我前往新疆喀什地区,给当地七年级学生上了一节课。课的资源来自教材上的一道练习题。原题是一道简单的判断题,针对的是正方体的展开图。实际上,学生对于正方体的展开图的学习是存在比较大的困难的。因此,我们以练习题为出发点,借用学具(磁力片)以及方格纸,对正方体展开图的所有形式进行一下探究。

在课堂教学过程中,教师利用方格纸、荧光笔进行简单的图形记录,利用"即时贴"在黑板上汇总学生的想法,在交流的过程中,让学生用语言清晰地表达出各个正方形的位置,并且逐步进行分类与归类。

在学习探究过程中,教师用到的主要教具是"磁力片",可以让学生快速地进行判断。这个"磁力片"一样来自上海,飞过数千公里,来到新疆,既是学习过程中的学具,也是留给学生们的礼物,希望在学生们今后的学习生活中起到更大的作用。

单元设计的起点和过程都是课堂,只有在课堂教学中的改进才能体现出单元规划的价值,如何实现改进还需要进行更多的思考。

第一节 "单元"视角下的"三角形"

一、"分""合""联":整体建构教学内容[1]

单元教学设计就是教师对学科教材进行完全的解读、剖析后,从一章或者一单元的角度出发,对教学内容进行重组、整合,转化成符合学生实际的教学单元,根据章节或单元中不同知识点的教学需要和学生的特点,综合利用各种教学形式和教学策略,通过一个阶段的教学让学习者完成对一个相对完整的知识单元的学习。教材解读、整体规划以及基于学生学习的教学设计是单元设计的关键所在。

单元教学设计是介于宏观的课程设计与微观的课时设计之间的中观层面的教学设计。章建跃先生指出,在中观层面上应引导学生以数学概念的发生发展过程为载体,经历完整的数学思考过程,从而掌握研究一个新的数学对象的"基本套路",具体包括:明确研究的问题,获得研究的对象,确定研究的内容,选取研究的方法,建构研究的过程,获得研究的结论,等等。

在初中数学的教学内容中,平面几何的内容占了很大的比重。几何学习对于学生来说确实是一个难点,而现有初中教材中的平面几何内容分散在多册多章节中,因此在教学中很容易产生"磕磕绊绊"的情况,主要体现为:在学习与应用过程中对基本知识的本质理解不够到位,知识应用的连贯性不好等,教师教得累、学生学得也累。

结合课标要求以及教参的建议,将教学单元从学生学习的方法或者认知特点的一致性角度进行整体的设计,并基于整体单元设计进行课时的设计,是摆脱当前初中平面几何教学窘境的有益探索。本文以上海教育出版社七年级第二学期教材第十四章《三角形》为例,探讨单元视角下的"三角形"的教学设计。

这一章围绕着三角形的六个基本元素,研究三角形的基本概念、表示方法和基本元素之间的关系。一个三角形主要研究角之间的关系:内角和,外角和,内、外角之间的关系;边之间的关系:任意两边之和大于第三边;边角之间的关系——"大边对大角"(等边对等角)。几个三角形之间的关系,如全等,主要是对应元素之间的关系(数量、位置)。针对特殊三角形,研究三角形的分类(按边分、按角分),以及某些特

---

[1] 原文发表于《中国数学教学》(初中版)(2019/12),《初中数学教与学》(人大复印资料)(2020年第3期)全文转载,第14-16,31页,有修改。

殊三角形的判定与性质。另外,还对与三角形有关的线段进行研究。在单元教学中需要对这些教学内容进行适当的整合。在本章中主要有三个小节的内容,我们可以将这三个小节规划为"三角形"大单元中的三大专题:三角形的有关概念与性质、全等三角形和等腰三角形。下面具体探讨单元视角下对三角形内容进行分解、整合并通过设计单元活动进行联结贯通的思路。

(一)分解内容,合理规划

"三角形的有关概念与性质"专题的部分内容,学生在小学就曾经接触过,但是学习的内容、本质、学习要求均与初中的不同。因此,做好知识的再现与深化,关注学习方法的差异与提升是关键。

如表3-1-1所示,"三角形的有关概念与性质"的内容主要可以分解为6个小专题。

表 3-1-1

	三角形的概念①		
三角形的基本元素和有关线段	三角形三边关系② (任两边之和大于第三边) (任两边之差小于第三边) (三角形的稳定性*)	三角形的分类	按边分类⑤ (不等边三角形、等腰三角形)
	三角形的内角和③		按角分类⑥ (锐角三角形、直角三角形、钝角三角形)
	三角形的有关线段④ (画三角形的中线、角平分线、高) (三角形的中线、角平分线、高的位置特征)		

* 说明:三角形的稳定性在上教版教材中"14.4 全等三角形的判定 4.已知条件为三边对应相等"中提及,从单元整体划分的角度来看应放在"全等三角形"专题,而从知识的分类角度来看也可以放入"三角形的有关概念与性质"专题,这是根据单元内的专题划分对内容进行具体调整。

从教材编写的内容顺序看,上教版教材的编写顺序为:①→④(画三角形的中线、角平分线、高)、②(任两边之和大于第三边)→⑤、⑥、④(三角形的中线、角平分线、高的位置特征)→③。人教版教材的编写顺序为:①→②(任两边之和大于第三边、任两边之差小于第三边)、⑤、⑥→②(三角形的稳定性)→③。北师大版的编写顺序为:①→③→⑤、⑥→②→④,北师大版教材的各个小专题之间是没有重叠的,将每个小专题都比较完整地呈现出来。

从内容和学生的认知角度来看,③、⑤是属于研究等量或者定量关系的,②研究的是不等关系,⑥在研究的过程中如果能够得到③的支撑是一个比较容易获得结论且说理比较清楚的。初中生对于等量关系的理解能力远大于对不等关系的理解能力。

通过对教材内容、学生学情的分析,建议可以将"三角形的有关概念与性质"这一专题内的小专题与课时进行适当的调整:①→③→⑤、⑥→②→④,即:三角形的概念→三角形的内角和→三角形的分类(按角分类、按边分类)→三角形三边关系→三角形的有关线段。

这种先分解再组合的规划方式在单元确定之后的专题与课时设计过程中是比较常用的方法。

(二) 整合内容,突出重点

"全等三角形"是三角形单元中的重点内容。与一期课改教材相比,上海二期课改教材有一个明显的变化,即多了一节"画三角形"。教材配套教参指出:通过画三角形来探究确定一个三角形的形状和大小需要给定这个三角形的几个元素,让学生初步感知判定两个三角形全等的条件,体会分类的思想。让学生通过尝试和分析,知道要给定三角形的三个元素且其中至少有一边,才有可能画出一个确定的三角形。再将条件按"一边两角""两边一角""三边"分类讨论,然后提出四种情况分别具体画三角形。但是如何通过学生的活动体现"画三角形"与"全等三角形判定"之间的关系是需要探讨的重点问题。

在教学实践中,整合如何画三角形以及对三角形全等的判定,对三角形全等部分的内容进行了调整(见表3-1-2)。

表 3-1-2

教材安排		课时安排	教学调整	课时安排
教学内容			教学内容	
14.3(1)全等三角形的概念与性质 (全等三角形的概念与性质)		1	全等三角形的概念、性质	1
14.3(2)全等三角形的概念与性质 根据给定条件,画三角形		1	画三角形 (含边边角的探究活动)	2
14.4(1)全等三角形的判定 全等三角形的判定方法1——SAS		1		
14.4(2)全等三角形的判定 全等三角形的判定方法2——ASA;AAS		1	全等三角形的判定方法的探索	1
14.4(3)全等三角形的判定 全等三角形的判定方法3——SSS		1	全等三角形判定的应用1 (合理选择判定方法、规范书写)	1
14.4(4)全等三角形的判定 全等三角形判定的应用1(简单应用)		1	全等三角形判定的应用2 (简单应用)	1
14.4(5)全等三角形的判定 全等三角形判定的应用2("两次全等")		1	全等三角形判定的应用3 ("两次全等"问题)	1
14.4(6)全等三角形的判定 全等三角形判定的应用3(综合应用)		1	全等三角形判定的应用4 (综合应用)	1

整合内容的重点放在三角形全等判定方法的探究上。第一部分三角形形状的唯一确定性放到了画三角形部分,第二部分集中探究具有相同条件确定的三角形之间的关系,即三角形全等的条件。在探究完三角形全等的条件后,教师要合理选择判定方法,规范书写的教学并应用。

从整合的内容与课时来看,课时的设置与原先教材的课时设置基本相同,还将课后的关于"边.边.角能判定三角形全等吗?"的阅读材料整合到了本专题教学中。

从整合的教学实践来看,还涉及了如何"画三角形",不仅是在给定条件的画法探究上,还涉及了给出怎样的条件可以"画三角形"的探究,教学问题的设计以及教学的过程更开放,问题更有思维含量,对于分类讨论思想方法的渗透比较明显,从特殊到一般的思考问题的方式也有更明显的体现。

从整合的效果来看,将探究判定条件与合理选择判定方法前置,注重了学生在解决三角形全等问题时的思维逻辑,在新课的学习中避免了单一知识的重复训练,提高了思维的品质,对于知识的综合掌握合理应用有比较大的帮助。

(三)联结内容,活动贯通

课本中给出了"阅读材料'边.边.角'能判定三角形全等吗?""探究活动一 七巧板""探究活动二 分割等腰三角形"。以这三个内容为主要活动,结合单元内容的特点,设计三角形单元的系列探究活动(见表3-1-3)。

表3-1-3

探究活动名称	探究活动时间、地点及形式
探究活动一:七巧板的认识	单元教学的引入活动,课堂中
探究活动二:三角形的分类	《三角形的有关概念》课时内小组合作探究活动,课堂中
探究活动三:三角形的内角和等于180°	《三角形的内角和》课时内小组合作研究活动,课堂中
探究活动四:探究确定一个三角形的形状大小需要给定这一三角形的几个元素	《画三角形》课时内小组合作探究活动,课堂中
探究活动五:三角形全等条件的探究	《全等三角形》专题的探究问题,可单列也可以与研究活动四整合,课堂中
探究活动六:"边.边.角"能判定三角形全等吗?	方案一:作为《全等三角形》专题学习后的探究活动;课后; 方案二:与探究活动四、五结合,放在《全等三角形》专题学习的前面,课堂中或者课后
探究活动七:等腰三角形的性质探究	《等腰三角形的性质》课时内小组合作研究活动,课堂中
探究活动八:分割等腰三角形	《等腰三角形》专题后课时内小组合作研究活动,课堂中
探究活动九:探索三角形可以被分割成两个等腰三角形的条件	《等腰三角形》专题后课时内小组合作研究活动,课堂中或者课后

从探究活动的内容、时间、地点及形式确定活动所处的专题,以活动的实施串联专题内容并进行一定程度的单元目标分解。

以"分割等腰三角形"和"探索三角形可以被分割成两个等腰三角形的条件"为例,"分割等腰三角形"是教材上的探究活动,对于很多学生来说阅读理解、分类研究、形成结论的整个探究过程有一定的难度,教师必须设计好探究的问题串。而设计的新的探究问题"探索三角形可以被分割成两个等腰三角形的条件",可以从学生画图、举例、归纳入手,探究出一个三角形可以被分割成两个等腰三角形的条件,并以此为基础进一步探究出具有哪些条件的等腰三角形可以被分割成两个等腰三角形。这两个探究活动可以被看成特殊与一般的两个活动,也可以看成同一个活动的两个不同的研究角度,在实际操作的过程中对于学生学习准备的要求以及主要采用的方法不同,但是对于分类讨论思想以及等腰三角形判断与性质的综合应用等维度的目标要求是一致的。

这样的活动设计与实施,最后呈现的形式可以是简单的问题回答,也可以是数学小报或者小论文的形式,主旨是展现探究的过程。在活动设计时教师需要整合、细化活动,对整个单元中基础知识、基本技能、基本数学思想等要整体布局式地进行合理设计,这样的活动设计在丰富学生的基本活动经验的同时,可以大大提升教师"理解数学、理解学生、理解教学"的水平。

"分割等腰三角形"和"探索三角形可以被分割成两个等腰三角形的条件"这两种活动设计,所呈现出的不同解决问题的角度和方法,对于学生后续解决一些常规的问题也是很有帮助的。例如:如果一个等腰三角形能被分割成两个等腰三角形,求这个等腰三角形顶角最大可能的度数。在这个问题的解决中,学生可以从两个不同的角度思考问题,在探究活动八的结论中找到可以被分割成两个等腰三角形的等腰三角形,并从中找出最大的顶角;在探究活动九中,从可以被分割成两个等腰三角形的三角形所具有的特征中加上等腰的条件后找到最大的顶角。学生经历过活动的探究,自然会对单元整体有更深入的理解。

中观教学理念下的单元教学设计,需要关注的不仅仅是"合""分"的问题,"联"是在单元设计中更需要关注的问题。单元的组织与构成可以采用知识相近的原则,也可以采用方法相近、应用相近的原则。经过一段时间的教学实践表明,将整个初中数学教学以单元教学设计的整体思想来建构,对于学生的数学学习与应用有很好的促进作用。

二、"单元"视角下的"三角形"教学设计案例

初中数学研究三角形,研究些什么？关键词是:关系、结构和方法。初中实际上要把三角形作为一个系统进行研究,这个说法的出处是人民教育出版社章建跃教授。三角形作为一个系统,明确研究对象(包括定义、表示和划分);性质(包括要素、相关要素的相互关系)、特例(包括性质和判定)以及联系;定性研究(研究相等、不等、对称性等);定量研究(研究面积、勾股定理、相似、解三角形等)。

我们研究三角形,主要是从定义、主要元素、性质以及这些性质表现了三角形哪些方面的特征等进行,在研究了一般三角形的基础上,研究一些特殊的三角形。比如:等腰三角形、直角三角形,那么这些特殊的三角形是通过怎样的特殊化得到的呢？很显然,是边的大小特殊化、边的位置特殊化(或者角的大小特殊化)分别得到的。这样我们在研究三角形时就基本确定了研究的内容、思路和方法。

以下分别以等腰三角形的判定和性质以及直角三角形的性质单元设计与教学为例:

(一)等腰三角形

等腰三角形是特殊的三角形。在学习了三角形的基本概念、基本关系以及全等三角形之后,进一步学习等腰三角形,在上教版的教材中,是七年级的学习内容,处于实验几何到论证几何的过渡阶段。因此,在教学过程中,折纸、画图等直观的探究形式还是使用得比较多的。同时,教师在教学过程中,也需要关注到学生的学习指导。

案例一:"等腰三角形的性质"一课的"同课异构"[1]

本案例中"等腰三角形的性质"一课是区级研讨课活动展示课。此次活动是由五位老师进行同课同构异教(同校的三位教师)和同课异构的研课活动。

本节课所学的内容是进一步探究学习其他图形性质的基础,所渗透的方法是行之有效的几何研究的两种方法(实验归纳与逻辑推理),因此本节课所获得的体验和

---

[1] 五位授课教师分为:华英姿、邱潇怡、钱洁莹(上海市建平中学西校)、施刚(上海市五三中学)、高宇丽(上海市蔡路中学)。

经验对今后的几何学习具有重要的意义。

这5节课具有的相同特征是：充分展现知识的构建过程、思路的探究过程，在发现问题、解决问题的过程中全面、深刻理解知识的背景、结构、内涵。尽管五位老师对教材内容采取了不同的呈现方式，但每节课都充分开展有关的实验操作的活动，在实验操作的基础上，归纳结论，再根据不同的内容进行恰当的处理，或通过操作性说理加以确认，或通过逻辑推理进行严格化。学生在探求几何结论并将结论严格化的过程中，更好地领会了数学形式化说理的方法及其必要性。学生在本节中所习得的几何研究方法和套路，必会运用于后续的学习活动之中。

这几节课在教学的引入部分存在一定的差异。本节课的难点在于等腰三角形三线合一性质的导出，教材编写意图是先有一线存在，然后由这线推导就是另两线，这样的设计符合知识的生成和学生的认知。基于原有学校、学生和借班学生的情况，深挖教材编写意图，两个借班教师采用了课本流程引入，即先作角平分线后翻折，引出角平分线就是即将添加的辅助线，同时添线后图中隐含结论的逐步挖掘、提炼为学生正确理解等腰三角形三线合一搭建了思维的梯度平台。三位建西的教师是为本班学生上课，对于学生情况比较了解，对于学生可能出现的情况也进行了充分的预设，所以没有按照课本流程，而是改编了引入部分，采用了开放的引入方法，即利用等腰三角形的对称性先翻折纸片，因为每个孩子看问题的角度不同，所以他们对于折痕也有了不同的理解，然后根据不同的理解生成了不同的说理方法。教学引入"收""放"不同，各有精彩，但都体现了教师对于教材的把握及学生的了解。

五位教师关注概念使用过程中学生可能存在的问题，不同程度地都进行了概念辨析，但处理的手法又有不同。高老师利用辨析题组对于等边对等角的图形和关键字词进行辨析，强调同一个三角形的条件。施老师组合了等腰三角形中的四个条件：①$AB = AC$；②$\angle BAD = \angle CAD$；③$AD \perp BC$；④$BD = CD$。施老师以其中两个条件作已知，另外两个作结论，写出正确的结论，并归纳有些结论是三线合一导出，而有些结论是全等导出。

等腰三角形性质的探究，关键在于性质的证明方法受到了学生学习基础的限制，之所以教师在教学过程中引导学生先从画顶角的角平分线或者底边上的中线入手，主要是如果利用底边上的高进行探究的话，在证明的时候会用到"HL"证明三角形全等的方法，而这一方法还没有得到证明（在上教版教材编写的顺序中会出现这一问题）。但是我们在前面的单元规划中也提到，可以让学生通过"'边.边.角'能否判定三角形全等"的问题探究来获得"当相等的角为直角时，可以判定三角形全等"这一结论,从而完善"等腰三角形三线合一"定理的三个命题的说理,更帮助学生获得更完整的探究体验。

另外,"等腰三角形三线合一"这一性质的描述对于学生的理解来说可能会存在比较大的偏差。这时,文字语言、符号语言以及图形语言,哪个更有利于学生探究进而充分地理解与掌握呢?很显然,图形语言在此时的作用已经不大了,而文字语言的表述又显得比较长,比如:等腰三角形底边上的中线是顶角的平分线,也是底边上的高。这样的表述,要进行条件与结论的互化,显然对于学生的表达要求是比较高的。这样不如直接采用符号语言的形式先完成探究,再用文字语言分别归纳,最终再形成"等腰三角形三线合一"性质的简述。

等腰三角形的性质教学反思(部分)[①]

在备课磨课阶段,通过专家的指导,我在原先的教学设计中最大的改动就是等腰三角形性质的探索环节。原本我的设计是直接对折等腰三角形,然后让学生用直尺和量角器测量出有哪些线段和角相等,从而探索出等腰三角形的性质。专家指出,这种操作处理是错误的,强调思考为什么教材上要先通过添角平分线再翻折?发现等腰三角形的性质要从顶角角平分线的角度才能正确规范地用叠合法进行说理,同时专家还提出了"自全等"证明"等角对等边"的性质的方法。通过这个错误,我意识到自己对教材的研究还不到位、不深刻,对教材不够尊重,对教材设计的意图不够明确,以后在研究教材、设计教案时,对要进行改变的地方多思考一下为什么教材要这样设计,再思考自己改变内容的合理性;同时通过对"自全等"证明的思考,我觉得教师对自己的专业要求要进一步的提升,预设好学生更多的可能情况。

在设计等腰三角形三线合一性质的探索过程中,我觉得通过三角形全等得到结论,然后引导学生得出三线合一的文字语言是没有问题的。但是,符号语言为什么那样表示,如果直接给出就非常生硬,也讲不清道理,所以我一直纠结于这个问题。但专家的一句"你可以先出符号语言"提醒了我,给了我灵感。我决定先用三种方法证明"等边对等角"性质并板书,为"三线合一"的说理做准备。在讲完"等边对等角"性质后,我让学生回过来看"等边对等角"的说理过程,先从证法

[①] 授课教师:高宇丽(上海市蔡路中学)。

一添角平分线的方法开始,提问得到△ABD≌△ACD之后,除了得到∠C=∠B相等之外还可以得到哪些结论?写出结论BD=CD,AD⊥BC,再提问这个方法中的已知条件是什么?写出条件AB=AC,∠BAD=∠CAD,并在每个符号语言下写出它们代表的文字语言。然后让学生仿照第一种证法的分析,归纳出第二、第三种证法中的已知条件和结论,这样就非常自然地归纳出了等腰三角形三线合一性质的符号语言,然后引导学生归纳出文字语言。这样的处理非常流畅,也讲清楚了性质,让学生自然而然地自己发现和归纳出性质,让学生体验了反思学习和数学建模的思想。这个处理在实践的教学中受到了专家、同行的肯定和表扬。

案例二:等腰三角形判定一课的"同课异构"[①]

教师在教学设计与实施过程中,差异比较大的主要是在引入部分:

方法一:折纸(长方形纸条)操作

将一张长方形纸条折一下(非对折),使叠合部分形成一个三角形。这个三角形有什么特征?是等腰三角形吗?

(1)想一想:如图3-1-1,∠1和∠2有怎样的数量关系?为什么?

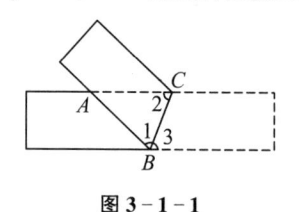

图3-1-1

(2)量一量:AB、AC的长度(精确到0.1厘米).

在教学的过程中,教师使用问题链的形式,通过阶梯式的提问,对照图形化解难度:

问题1:∠2和∠3有怎样的数量关系?为什么?(课件动态打开折纸)如图3-1-2.

图3-1-2

[①] 三位授课教师分别为:曾卓娟(上海市康城学校)、覃铁钢(上海市坦直中学)、杨林(上海市尚德实验学校)。

问题2：∠1和∠3有怎样的数量关系？为什么？（课件再次动态折叠长方形纸条，并用虚线显示出折叠前的长方形纸条）如图3-1-3.

问题3：用刻度尺测量 AB、AC 的长度（精确到0.1厘米）（课件显示折叠后的长方形纸条）如图3-1-4.

问题4：小组内交流测量数据，你们发现 AB、AC 有怎样的数量关系？如图3-1-4.

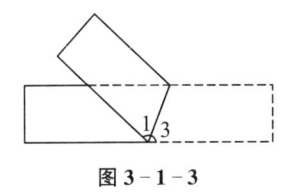

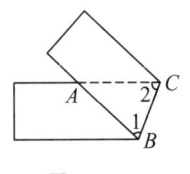

图3-1-3

图3-1-4

通过这四个小问题，逐一解答、层层深入，不知不觉之间，学生进入了正题，学生真实经历了实验、猜测的过程。课后，还有好些学生饶有兴趣地拿着折纸折出不同的等腰三角形在观察。

方法二：从等腰三角形的性质直接引入

教师采用的方式是开门见山式的系列问题：

问题1：等腰三角形的性质有哪些？

问题2："等边对等角"中，谁是条件？谁是结论？

问题3：同学们说一说：用什么方法可以判断一个三角形是等腰三角形？

问题4：在△ABC 中，∠B = ∠C，△ABC 是等腰三角形吗？（同时呈现图形）

引导学生通过测量大胆猜想，然后引导学生进行证明。

方法三：利用"如何复原一个被墨迹浸渍的等腰三角形？"情境

教师提出情境问题："想一想：小明画的一个等腰三角形被墨迹污染了（如图3-1-5所示），只有它的底边 BC 和底角∠C 还保留着。怎样补出原来的等腰三角形？"

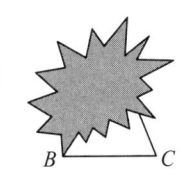

图3-1-5

这三种引入的方法各有侧重。方法一较注重操作能力的培养；方法二较注重逻辑推理的培养；方法三给学生创设了一个很好的情境，引发学生探求新知的需求。

方法三在实际的教学中，多数教师会采用，而总结来说，学生比较多想到的"补出"方法有以下几种：

1. 量出 $\angle C$ 度数,画出 $\angle B = \angle C$, $\angle B$ 与 $\angle C$ 的边相交得到顶点 A;
2. 作 BC 边上的中垂线,与 $\angle C$ 的一边相交得到顶点 A;
3. "对折"。

通过问题"画出的是否为等腰三角形?",由此引发判定定理的证明。同时,关于定理的证明,学生想到的方法主要是通过添加辅助线,利用三角形的全等来加以证明,有些是可以证明的,有些不能证明:

1. 作 $\angle A$ 的平分线,利用"角角边";
2. 过 A 作 BC 边的垂线,利用"角角边";
3. 作 BC 边上的中线,"边边角"不能证明。

以上添辅助线证明的方法比较常规,一般来说学生都能想到。实际上还有两种创造性的方法,也有学生能够想到,与之前学生的学习基础有一定的关系,这两种方法是:

4. 假定 $AB>AC$,由"大边对大角"得出矛盾;
5. $\triangle ABC \cong \triangle ACB$,应用"角边角"(自全等)。

学习了等腰三角形之后,对于几何中的"基本图形"就可以进一步完善了。比如,通过不断变换题目的条件,形成一系列的问题,同时采用不同的方式进行教学,加深学生对于等腰三角形性质与判定的综合应用能力。

题1:如图 3-1-6,在 $\triangle ABC$ 中,$\angle ABC = \angle ACB$,BO 平分 $\angle ABC$,CO 平分 $\angle ACB$,能得出什么结论?

题2:如图 3-1-7,过 O 作直线 $EF \parallel BC$。①图中有几个等腰三角形?为什么?②线段 EF 与线段 BE、FC 之间有何关系?(学生编题)

题3:如图 3-1-8,如果 $\angle ABC$ 与 $\angle ACB$ 不相等。①图中有没有等腰三角形?为什么?②线段 EF 与线段 BE、FC 之间还有没有关系?(学生讨论)

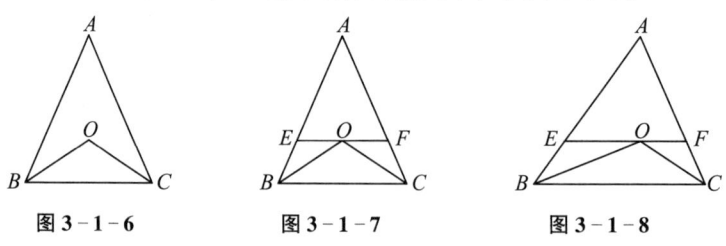

图 3-1-6 图 3-1-7 图 3-1-8

通过这样的题组呈现,老师和学生可以一起整理、挖掘其中所隐含的等腰三角形,巧解几何问题的一些基本图形。

(二)直角三角形

以直角三角形的性质单元设计与教学为例：

先从课本编写的角度来看一下直角三角形,上教版教材中直角三角形是在八年级第一学期,之前已经学习了三角形、等腰三角形和全等三角形(不含直角三角形全等的判定),从教材编写的角度,可以将直角三角形分为四个模块,分别是：

模块一:直角三角形全等的判定(1课时);

模块二:直角三角形的性质(3课时);

模块三:勾股定理(4课时);

模块四:两点的距离公式(1课时)。

总体来说,是以直角三角形为研究对象,演练逻辑推理。那么怎么来处理这些模块之间的关系呢？我们可以将直角三角形单元划分为几个专题,有几种方案：

方案一:直接将模块作为专题,按照课本的呈现将直角三角形单元拆分为四个专题;

方案二:平面直角坐标系内两点的距离公式,是勾股定理的自然延伸。将模块三、四合并为一个专题;

方案三:勾股定理及其逆定理是特殊的直角的性质和判定。将模块二、三、四合并为一个专题。

其实这些模块之间是比较少见的数学学科单元中的"并列结构",也就是在学习与教学过程中它们之间几乎不存在必须的先后顺序,而是可以进行调整的,这跟这些内容与之前的学习内容和方法存在比较大的关联有关。

第一,直角三角形全等的判定是三角形全等判定的特例。在七年级第二学期,学生学习了三角形全等判定的一般方法,在探究活动"'边·边·角'能否判定三角形全等"的过程中,有一个结论就是当这个角为直角时,这两个三角形是相似的,这是一般方法的特殊化。

第二,我们在七年级第二学期学过一般三角形的性质,直角三角形是特殊的三角形,类比七年级第二学期等腰三角形性质的研究方法,针对其特殊化的角度,就能够比较清晰地研究其具有的特殊性质。角之间的关系具有的特殊性质显然是很简单的,边之间具有的特殊关系即勾股定理是这个单元学习中的重点。在小学阶段,"勾三股四弦五"是作为一个事实让学生们知道的,这个是勾股定理的一个特殊情况。同时,在七年级第二学期实数章节的无理数引入环节,$\sqrt{2}$的引入就是利用面积为2的正方形的边长,其实也是勾股定理的特例,研究的是等腰直角三角形。其中,如果去掉"等腰"这个条件,拼图就会发生变化,勾股定理的几何形式说理就有基础了,所以勾股定理的研究是特殊情况的一般化。

第三,关于平面直角坐标系内两点之间的距离公式,我们在七年级第二学期"平面直角坐标系"单元,学习过连线平行于坐标轴的两点之间的距离,同样,这也是平面直角坐标系内两点之间的距离的特殊情况。在学习了勾股定理后,我们可以利用勾股定理以及连线平行于坐标轴的两点之间的距离研究一般的情况,这又是一个特殊到一般的研究过程。

通过以上的分析,在直角三角形的性质这个单元中,"特殊到一般""一般到特殊"的研究方法都有很明晰的路径。因此,本单元的教学设计与实施需要重点突出这样的研究方法。

案例三:直角三角形的性质定理(直角三角形斜边上的中线等于斜边的一半)及其推论

直角三角形的性质教学过程部分设计[①]

一、新课探索

问题一:在 Rt△ABC 中,如果∠C=90°,∠A 和∠B 有什么数量关系?

定理1:直角三角形的两个锐角互余.

例题1 已知:如图1,在 Rt△ABC 中,∠ACB=90°,CH 是斜边 AB 上的高.由此你可以得到哪些锐角相等?

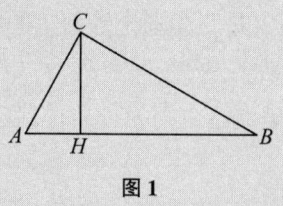

图1

[①] 授课教师:陈海峰(上海市进才中学北校)。

问题二：已知：如图2，在 Rt△ABC 中，∠ACB=90°，CD 是斜边 AB 上的高，若 ∠B=45°，那么你能得到哪些新的结论？

通过探讨特殊的直角三角形——等腰直角三角形中斜边上的中线与斜边长度之间的数量关系，利用由特殊到一般的研究问题的策略，猜测一般直角三角形中斜边上的中线与斜边长之间的数量关系.

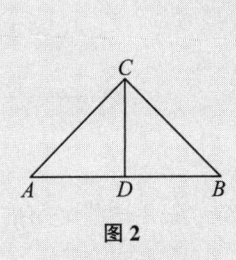

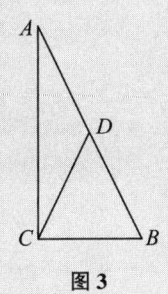

图2

图3

问题三：已知：如图3，在 Rt△ABC 中，∠ACB=90°，CD 是斜边 AB 上的中线. 求证：$CD=\dfrac{1}{2}AB$.（$AB=2CD$）

通过学生已有的知识经验，添设辅助线，证明出一般的结论.

定理2：直角三角形斜边上的中线等于斜边的一半.

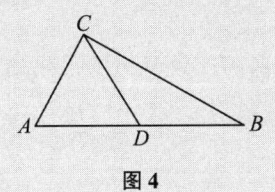

图4

例题2 已知：如图4，在 Rt△ABC 中，∠ACB=90°，CD 是斜边 AB 上的中线. 你可以得到哪些结论？

对应例题1，对于直角三角形中常用的基本图形进行进一步的分析，为课后练习中涉及角的数量关系的问题打基础.

二、练习巩固

例题 3 已知:如图 5,在 $\triangle ABC$ 中,$AD \perp BC$,E、F 分别是 AB、AC 的中点,且 $DE = DF$.

求证:$AB = AC$.

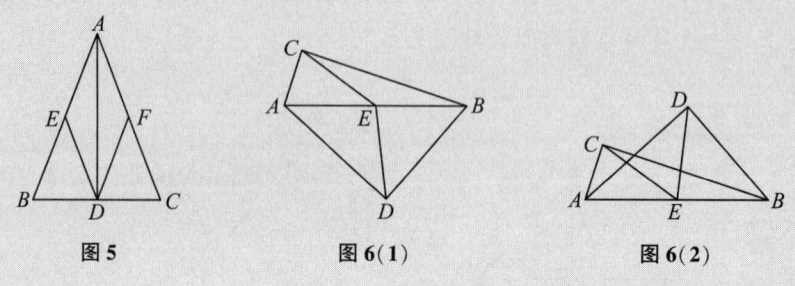

图5　　图6(1)　　图6(2)

变式 1 已知:如图 5,在 $\triangle ABC$ 中,$AD \perp BC$,E、F 分别是 AB、AC 的中点,且 $AB = AC$.

求证:$DE = DF$.

变式 2 如图 6(1)、图 6(2),如果 $\angle ACB = \angle ADB = 90°$,点 E 是 AB 的中点,联结 CE、DE,那么线段 CE 与 DE 长度相等吗?说明理由.

变式 3 已知:如图 7,BD、CE 分别是 $\triangle ABC$ 的高,M、N 分别是 BC、DE 的中点,分别联结 ME、MD.

求证:$MN \perp ED$.

书本课后练习 2,通过系列的变式找出不同问题的共同特点以及解决问题的基本方法,降低解决问题的难度.(根据时间调整)

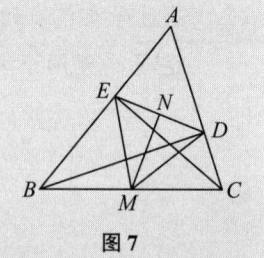

图7

四、课堂小结

通过本节课的学习,你有哪些收获?

五、回家作业

基础题:练习册 19.8(1).

提高题:已知:如图 8,在 Rt $\triangle ABC$ 中,$\angle ACB = 90°$,CH 是斜边 AB 上的高,CM 是斜边 AB 上的中线,CT 是 $\angle ACB$ 的角平分线.

求证:$\angle HCT = \angle TCM$.

探究题:尝试用其他方法证明定理 2.

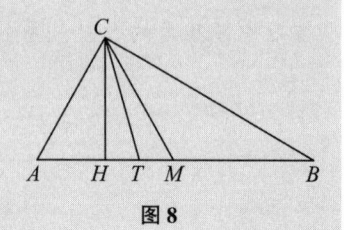

图8

这个教学设计是从特殊的等腰直角三角形引入的。利用等腰三角形的三线合一性质，我们可以得出等腰直角三角形斜边上的高、中线、直角内角的角平分线都是斜边的一半，随后去除等腰这个特殊条件，再继续研究此时直角三角形斜边上的高、中线、直角内角的角平分线分别有什么特殊的性质，从而引入新的角之间的关系以及线段之间的关系(如图3-1-9)，这里的教学重点体现了从特殊到一般的研究方法。其中直角三角形斜边上的高、中线、直角内角的角平分线构成的新图形中也有一些新的数量关系，作为回家作业的提高题进行前后的呼应。

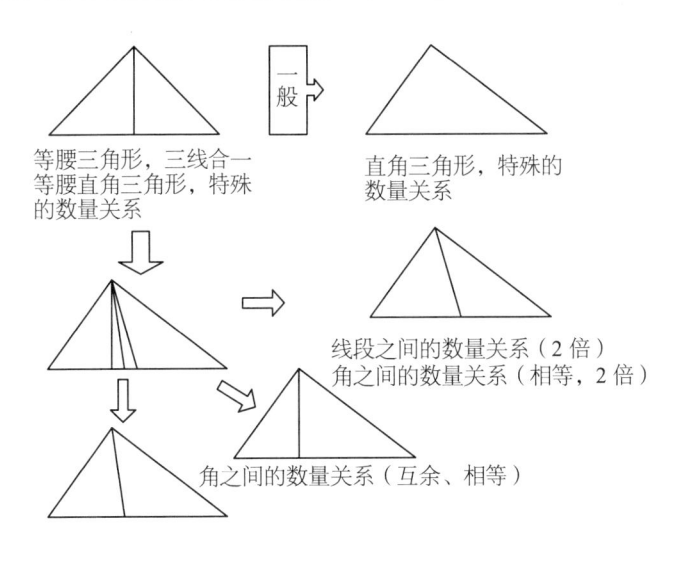

图 3-1-9

同时，这节课的教学设计，通过直角三角形斜边上的中线、等腰三角形底边上的中线分别进行分割，建立起了初中阶段研究的两个特殊三角形即直角三角形与等腰三角形之间的关系。

在定理的证明过程中，结合之前学习的添设辅助线证明线段倍半关系的方法进行，充分地将已经学习过的知识与方法应用到新知的学习过程中，既是对已学方法的总结与回顾，也是对于新发现的探究。

在本节课的第二课时，重点研究相关定理的推论。这个研究实际上是一个一般到特殊的过程(如图3-1-10)。从一般的直角三角形具有的一般的性质出发，研究有一个角是30度的特殊直角三角形的特殊性质，建立起直角三角形中角与边之间的一种对应关系,与等腰直角三角形两直角边相等的差别是在于边之间存在倍半的关系。研究方法是之前研究性质的延续,同时也为后续学习锐角三角比(锐角三角函数)做了一个特例的铺垫。

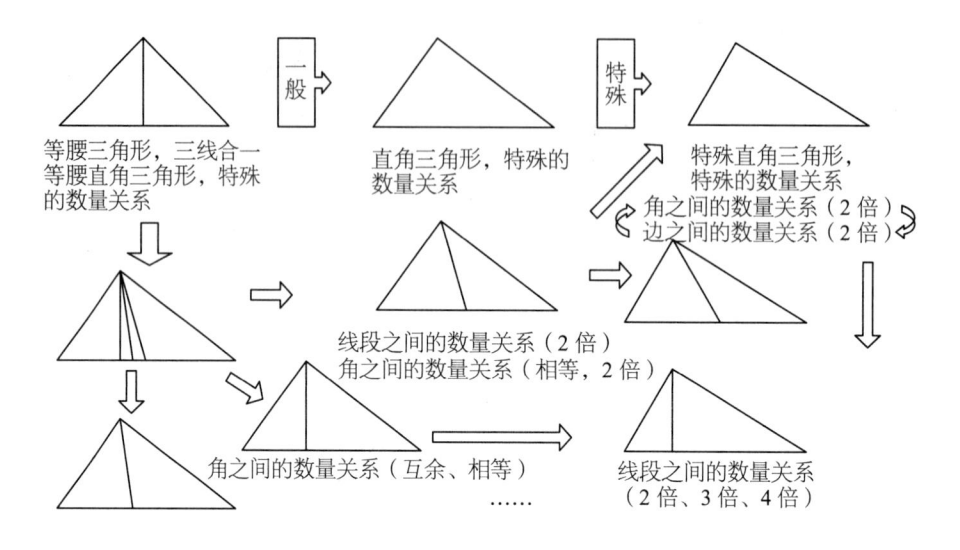

图 3-1-10

在研究了定理以及推论的基础上,对于边角之间的关系,以及随之产生的线段之间的数量关系出现了很多的结论,对初中几何学习中的基本图形进行了一定的补充,其中的一些基础常见结论也为后续的几何学习打下了基础。

我们在整个的单元构建的过程当中,首先要研究一个三角形的总体思路,然后把一些特殊的元素之间的逻辑关系整理清楚,接着对课时重新进行分割,因为学生的学习程度是不一样的。每个教师面对的学生是不同的,教师对于问题的把握程度也会有一定的差异,所以在单元整体构建的基础上,对于课时的划分和教学内容、过程的设计是需要每一个教师进行充分考虑和准备的。

在单元教学中,需要重点关注到的点是前期学习的预备知识和学习的方法。前面已经分析过,直角三角形这部分的学习内容在之前的学习中或多或少都有一定的基础,充分利用这些基础做好教学设计,不是简单地重复新授课的一般方法,而是基于前期的充分学习研究基础进行设计,比如直角三角形全等的判定。

案例四:直角三角形全等的判定

直角三角形全等的判定可以从不同的逻辑起点出发进行设计,比如,可以延续全等三角形的判定的先画图再确定三角形之间的关系:

直角三角形全等的判定教学过程部分设计[①]

复习引入

1. 一般三角形全等的判定方法;

2. 思考问题:利用两边及其中一边的对角分别对应相等,能否判定两个三角形全等?

3. 通过画图举例说明根据"两边及其中一边的对角"这样的条件不能画出一个形状、大小唯一确定的三角形,从而不能作为一般三角形全等的判定依据.

教学设计说明:在初一年级的教学中,全等三角形的判定分为两个层次:第一,通过画三角形,按照给定"两边及其夹角"或"两角及其夹边"或"两角及其中一角的对边"或"三边"这样的三个条件可以画出形状、大小确定的一个三角形;第二,如果两个或几个三角形满足如上所述的三个条件,那么它们就是全等三角形.而"两边及其中一边的对角"首先不符合第一个要求,无法画出一个形状、大小唯一确定的三角形.此处的设计为后续的学习方法埋下伏笔:给出的条件先要能够画出一个形状大小唯一确定的三角形,再用逻辑推理的方法证明具有相同条件的几个三角形全等.

探索新知

问题:"边·边·角"对于一般三角形来说不能判定全等,那么能否成为直角三角形全等的判定方法呢?

探索:

1. 两个直角三角形中,如果"边.边.角"对应相等,那么其中对应相等的角一定是直角,因此对应相等的边只能分别是斜边和一条直角边.——说明:只要研究斜边和一条直角边对应相等的两个直角三角形是否全等?

[①] 授课教师:高宇丽(上海市蔡路中学)。

2. 根据所给条件,利用尺规作图作直角三角形.——说明:给定斜边和一条直角边可以画出一个形状、大小唯一确定的三角形.

3. 利用相同条件画出的两个直角三角形是否全等?

4. 利用拼图将分散条件集中,利用逻辑推理的方式证明斜边和一条直角边对应相等的两个直角三角形一定全等.

新知:**直角三角形全等的判定定理** 如果两个直角三角形的斜边和一条直角边对应相等,那么这两个直角三角形全等(简记为 H.L).

(关注文字语言、几何语言、图形语言之间的互相转译以及定理应用时的必要条件)

巩固运用

例题 1 求证:在一个角的内部,(包括顶点)且到角的两边距离相等的点,在这个角的平分线上.

教学设计说明:本例为书本上的例题2,此处调整为例题1是在定理证明的"拼图"方法中可能存在与本例直接相关的拼法,学生能够想到的可能性比较大,由拼图直接转到本例在教学上更顺畅;此外,本例是角平分线定理的逆定理,在教材编写中之前未进行证明而是留到本节课,本节课在定理的推导过程中强调需要进行逻辑推理证明命题的正确性,这一思想也可以马上通过本例来延续.

探究运用

例题 2 已知:如图,在 $\triangle ABC$ 中,$BD \perp AC$,$CE \perp AB$,点 D、E 为垂足,BD 和 CE 相交于点 F,$BD = CE$.

求证:$\triangle ABC$ 是等腰三角形.

教学设计说明:本例是书本例题的例1,可以利用"A.A.S"、"H.L"以及面积法分别进行证明,教学中根据学生的实际情况进行调整,重点突出"H.L"这个直角三角形全等的特殊判定方法,同时,通过"A.A.S"的方法再次说明一般三角形全等的判定方法对于直角三角形也同样适用,让学生再次感受特殊与一般的辩证关系.

变式练习1:在例2的条件下,还能找到其他相等的线段吗?

变式练习2:在例2的条件下,联结 AF 并延长交 BC 于点 G.你能找到几对全等的直角三角形,并说明理由.

备注:变式1和变式2根据课堂教学的情况进行调整,课堂内没有办法完成的作为作业的探究题,在课后完成.

案例五:两点的距离公式

对于学生已有的认知基础如何应用到新课内容的学习中也是在设计时需要重点思考的,两点的距离公式是有前期特殊情况的基础,而研究的方法就是新学习的勾股定理,因此,在教学中可以采用"自行提取信息与方法"以及"搭建学习支架"的形式来进行。

以下的设计是基于平面直角坐标系中"任取两点"做出的设计,特殊情况与一般情况的分类由学生在课堂中完成,教师适当地进行引导。

两点的距离公式教学过程部分设计[①]

情景引入

1. 绘制班级座位表;
2. 建立直角坐标平面;
3. 任取两点,求两点的距离,提出问题,引入课题.

探索新知

问题:如果 $A(x_1,y_1)$、$B(x_2,y_2)$ 是直角坐标平面内任意两点,那么 A、B 两点的距离 AB 如何计算呢?

探索:给出 A 点,尝试对点 B 的不同位置(特殊到一般)进行分类讨论,得出结论.

新知:如果直角坐标平面内有两点 $A(x_1,y_1)$、$B(x_2,y_2)$,那么 A、B 两点的距离 $AB=\sqrt{(x_1-x_2)^2+(y_1-y_2)^2}$.

应用:再次回顾并解决情景引入中的问题.

公式巩固

练习:下列各题的解答正确吗?为什么?

(1) 求点 $A(1,2)$ 和点 $B(4,6)$ 的距离;

解: $AB=\sqrt{(1-2)^2+(4-6)^2}=\sqrt{1+4}=\sqrt{5}$.

(2) 求点 $C(7,-2)$ 和点 $D(-3,5)$ 的距离;

解: $CD=\sqrt{(7-3)^2+(5-2)^2}=\sqrt{4^2+3^2}=5$.

[①] 授课教师:徐颖(上海市浦东教育发展研究院)。

(3) 求点 $E(-4,3)$ 和点 $F(1,3)$ 的距离.

解：$EF=\sqrt{(-4-1)^2-(3-3)^2}=\sqrt{5^2-0}=5$.

形式：通过错题辨析，巩固公式.

巩固运用

例题1 已知直角坐标平面内的 $\triangle ABC$ 三个顶点 A、B、C 的坐标分别为 $(-1,4)$、$(-4,-2)$、$(2,-5)$，试判断 $\triangle ABC$ 的形状.

探究运用

例题2 已知直角坐标平面内的两点分别为 $A(3,3)$、$B(6,1)$. 点 P 在 x 轴上，且 $PA=PB$，求点 P 的坐标.

变式1：已知直角坐标平面内的两点分别为 $A(3,3)$、$B(6,1)$. 点 P 在坐标轴上，使 $\triangle PAB$ 是以 AB 为底边的等腰三角形，求点 P 的坐标.

变式2：已知直角坐标平面内的两点分别为 $A(3,3)$、$B(6,1)$. 点 P 在 x 轴上，使 $\triangle PAB$ 是等腰三角形，求点 P 的坐标.

备注：变式1和变式2根据课堂教学的情况进行调整，课堂内没有办法完成的作为作业的探究题，在课后完成.

解析法的初步运用，了解尺规作图可以确定点的位置，而坐标法可以准确地描述点的位置.

反思小结

1. "读"书本练习；

2. 学生自主小结；

3. 反思指导.

作业提高

1. 必做题：练习册 P79，习题 19.10；书 P134，练习 19.10 第 2、3 题.

2. 探究题：

(1) 继续完成课堂内的变式练习以及书后习题改编的探究问题；

(2) 已知直角坐标平面内的两点分别为 $A(3,3)$、$B(6,1)$. 点 P 在 y 轴上，使 $\triangle PAB$ 是直角三角形，求点 P 的坐标.

以上的设计中，我们采用的是"座位表"而不是学生实际在课堂中的座位，主要是学生所处的位置一个是在外面看直角坐标系，一个是在直角坐标系中，对于象限以及坐标的反馈会有一点儿差异,而这个差异不是本节课的重点,所以进行了一定的回避。

根据学生之前学习基础的差异,我们也可以将"学习支架"直接提供给学生,直接从直角坐标系中特殊位置的两点之间距离引入教学,如下例所示:

两点的距离公式引入部分设计[①]

复习旧知

1. 点 A、B、C 的位置如图所示,说出点 A、B、C 的坐标.

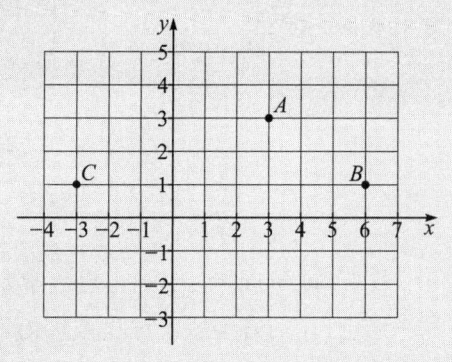

2. 在平面直角坐标系内,描出点 $D(3,-2)$,$E(6,4)$.

3. 求:(1) B、C 两点间的距离 $BC=$ _____ ;

(2) A、D 两点间的距离 $AD=$ _____ .

垂直于 x 轴的直线上的两点 $A(x_1,y)$,$B(x_2,y)$ 的距离 $AB=$ _____ ;

垂直于 y 轴的直线上的两点 $C(x,y_1)$,$D(x,y_2)$ 的距离 $CD=$ _____ .

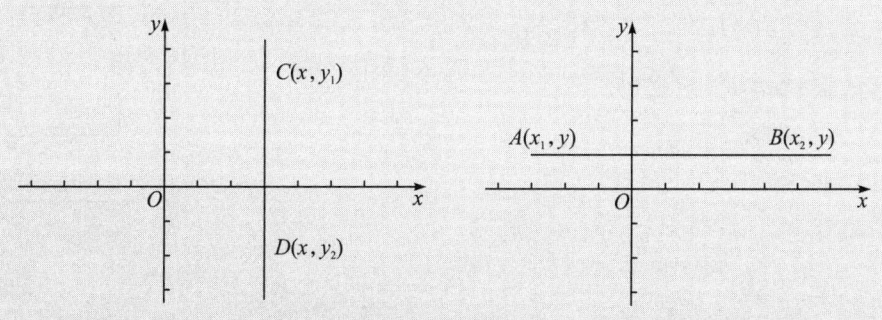

设计意图:复习直角坐标系中的相关知识,回忆垂直于坐标轴的直线上两点的距离的求法,体会知识的形成过程,为学习更加一般化的问题做准备.

---

① 授课教师:倪丽(上海市育民中学)。

引入部分的内容,在学习了新的知识后,作为简单的巩固练习:

借助于课前复习题中相应点的坐标,在求过与坐标轴垂直的直线上两点 A 与 D、C 与 B 的距离的基础上,利用两点的距离公式,继续求图中与坐标轴不垂直的直线上两点的距离,在此基础上,设置系列问题,引出例题和相应习题,体会知识的发展,巩固公式.

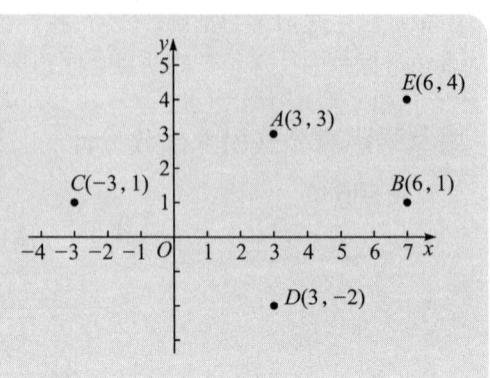

案例六:勾股定理

勾股定理是平面几何中非常重要的定理,中国古代数学家早在大禹治水时期就发现了"勾三股四弦五"这一结论,在西方勾股定理也被称为毕达哥拉斯定理。这个描述直角三角形三边之间数量关系的定理是教学公开课、展示课、研讨课中出现频率很高的一节课。首先,从一节课的教学来看,处理的方式比较多样。

方法一:利用三国时期吴国数学家赵爽所采用的形数结合的方法,利用四个全等直角三角形拼图证明勾股定理。

拼法一: $\because (a+b)^2 = c^2 + 4 \times \dfrac{1}{2}ab$,

$\therefore a^2 + 2ab + b^2 = c^2 + 2ab.$

$\therefore a^2 + b^2 = c^2.$

拼法二: $\because c^2 = (a-b)^2 + 4 \times \dfrac{1}{2}ab$,

$\therefore c^2 = a^2 + b^2 - 2ab + 2ab.$

$\therefore c^2 = a^2 + b^2.$

这样的引入教学的优点是比较直观,但是这种图形拼接证明的严密性需要在说理的过程中交代三点共线、拼成的图形是正方形等等,由于学生的知识储备有限,因而严格的证明存在困难。

在《几何原本》中对于勾股定理的证明不是这种方法,如果能够在教学中渗透或引导学生完成毕达哥拉斯的证明方法,那么对于学生思维能力的培养会更有帮助,由此可以得到方法二。

方法二:由毕达哥拉斯的传说故事引入,用毕达哥拉斯的方法证明。

> 毕达哥拉斯有次应邀参加一位富有政要的餐会,这位主人豪华宫殿般的餐厅铺着正方形美丽的大理石地砖,由于大餐迟迟不上桌,这些饥肠辘辘的贵宾颇有怨言;这位善于观察和理解的数学家却凝视脚下这些排列规则、美丽的方形瓷砖,毕达哥拉斯不只是欣赏瓷砖的美丽,而是想到它们和"数"之间的关系,于是拿了画笔并且蹲在地板上,选了一块瓷砖以它的对角线 AB 为边画一个正方形,他发现这个正方形面积恰好等于两块瓷砖的面积和.他很好奇,于是再以两块瓷砖拼成的矩形之对角线作另一个正方形,他发现这个正方形的面积等于 5 块瓷砖的面积,也就是以两股为边作正方形面积之和.至此毕达哥拉斯做了大胆的假设:任何直角三角形,其斜边的平方恰好等于另两边平方之和.

然后引入毕达哥拉斯对勾股定理的证明方法,并给出问题:

问题:图中 $\triangle ABC$ 为直角三角形, $\angle BAC$ 为直角,四边形 $ABMN$, $BIHC$, $ACFG$ 都是正方形, $AT \perp IH$, T 为垂足.求证: $AB^2 + AC^2 = BC^2$.

这个问题的解决思路是这样的:由 $\triangle MBC$ 和 $\triangle ABI$ 全等,可以知道它们面积也相等,即 $S_{\triangle MBC} = S_{\triangle ABI}$. 而 $S_{\triangle ABI} = \frac{1}{2} S_{\text{长方形} BITR}$,而 $S_{\triangle MBC} = \frac{1}{2} S_{\text{正方形} BANM}$. 由上面的结果,可以得到 $S_{\text{长方形} BITR} = S_{\text{正方形} BANM}$,同理 $S_{\text{长方形} CHTR} = S_{\text{正方形} ACFG}$. 把这两个等式相加我们就可以得到 $S_{\text{正方形} BANM} + S_{\text{正方形} ACFG} = S_{\text{正方形} BIHC}$.

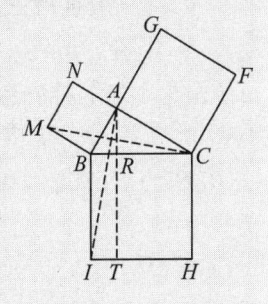

而, $S_{\text{正方形} BANM} = AB^2$, $S_{\text{正方形} ACFG} = AC^2$, $S_{\text{正方形} BIHC} = BC^2$.

于是可以得到: $AB^2 + AC^2 = BC^2$.

解决过程中应用到的全等三角形以及等积转化等都是已经学习过的方法,只是综合应用的时候图形略复杂,学生存在一定的学习难度,而这个说理证明的过程虽然很规范,但是逻辑段比较多,分析与书写均存在比较大的困难。

方法三:利用图形运动研究勾股定理:

勾股定理的引入部分设计[①]

(一)复习引入

1. 直角三角形角之间的关系

直角三角形的角具有怎样的性质?利用这一性质你能解决怎样的问题?

2. 直角三角形边之间的大小关系

定理:直角三角形中,斜边大于直角边.

3. 等腰直角三角形的边之间的数量关系

如图,在 $\triangle ABC$ 中,$\angle ACB = 90°$,$AC = BC$,如果将 $\triangle ABC$ 绕点 C 旋转 $90°$ 后落到 $\triangle DAC$,这时点 D、C、B 在一直线上,斜边 AD 与 AB 有怎样的位置关系?

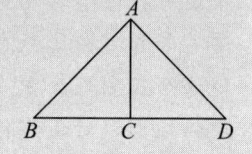

如果 $AC = BC = a$,$AB = c$,a、c 之间有怎样的数量关系?

得出:$2a^2 = c^2$,或 $c = \sqrt{2}a$,或两条直角边的平方和等于斜边的平方.

(利用两个等腰直角三角形的面积和,采用两种方法计算,得到三边的关系.)

(二)一般直角三角形边之间的数量关系(勾股定理)

如图,在 $\triangle ABC$ 中,$\angle ACB = 90°$,$BC = a$,$AC = b$,$AB = c$,那么直角三角形的三边 a、b、c 之间有怎样的数量关系呢?

类似的,如果将 $\triangle ABC$ 绕点 C 旋转 $90°$ 后落到 $\triangle DEC$,点 E 在直线 AC 上,点 D、C、B 在一直线上,斜边 DE 与 AB 有怎样的位置关系?

能否构成等腰三角形,能否同样利用等腰直角三角形的面积,得到三边的数量关系?

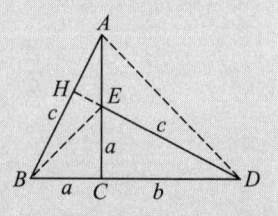

得到 $a^2 + b^2 = c^2$.

介绍勾、股、弦,得出勾股定理:

在直角三角形中,两条直角边的平方和等于斜边的平方.

这个设计的巧妙之处在于,不仅仅把结论从特殊到一般的过程呈现出来,也将证明过程贯穿于特殊到一般结论的探究过程.本设计建立在学生已有的图形旋转、三

---

① 授课教师:沈全洪(上海市静安区教育学院)。

角形面积计算方法、三角形全等等知识的基础之上,利用面积割补的方法,在教师的引导下,得出直角三角形边之间的关系,为学生思维的有效展开做了一些铺垫,以降低证明的难度。

勾股定理是人类最重要发现之一,它的发现与证明分别经历了一个漫长的历史过程,要在 40 分钟的课堂教学时间内根据学生已有的知识方法来探索发现的教学设计难度很大。虽然勾股定理有数百种证明的方法,但每种方法都是不容易想到的,都是有很大难度的,而且有很多方法学生在现有的知识基础上是不可能得到的。

勾股定理的很多证明的基本模式都是采用面积方法:用不同的手法表示同一块面积,得到一个等式,再从这个等式推得所要的结论,类似于列方程解应用题,面积是沟通几何与代数的桥梁。

课标中的要求是:在勾股定理及其逆定理的学习中,通过充分展开定理导出的过程和揭示它在度量几何中的作用,进一步理解形数之间的联系。

基于以上认识,在勾股定理及其逆定理的学习过程中,可能需要有超过 40 分钟的学生探究、学习、体验的过程,因此,可以设计课前、课中、课后相结合的完整学习过程,重点部分内容的问题提出、分析以及解决也可以适当地分散,让学生充分调动自己的已有认知,运用已有的知识、经验与方法来解决新的问题。对于成果的展现形式,我们可以通过数学小报、小组汇报 PPT 或者小论文的形式进行。

案例 7:相似三角形的性质单元设计

单元整体规划

相似三角形是初中数学平面几何的一个重要学习内容。基于初中阶段对于"三角形"的研究视角,相似三角形既与全等三角形有相类似的定性研究视角,又有定量研究视角。相似关系为图形变换添加了新的放缩运动,前与全等三角形有着紧密的联系,后又为锐角三角比的研究奠定了基础。

相似三角形的学习在上教版教材中在九年级第一学期,紧跟在后面的学习内容是锐角三角比。在初中最后阶段的平面几何学习过程中,之前的学习内容、方法以及相关内容的研究过程都已经是学生的学习基础,并且经历了相对比较多的类比学习过程。

从相似三角形的主要学习内容看:

图 3-1-11

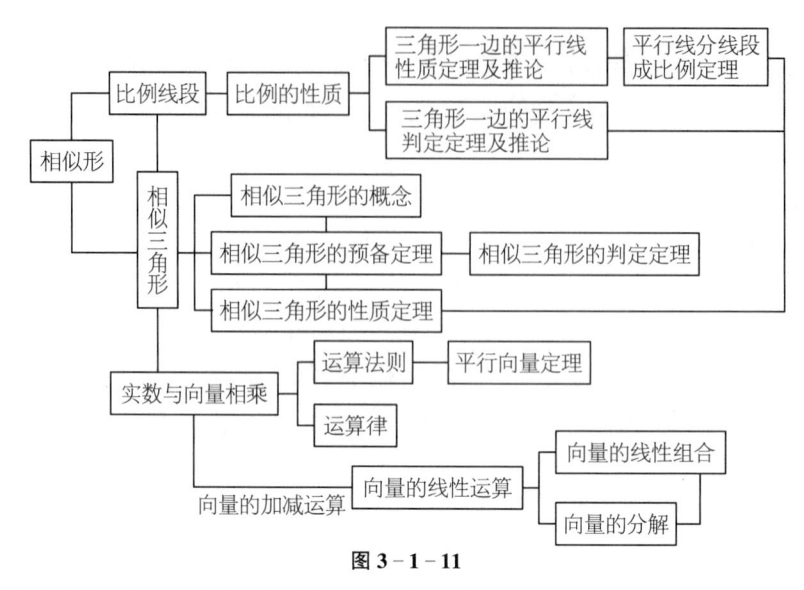

摘自上海教育出版社,九年义务教育课本,九年级,第一学期(试用本)第53页"本章小结"

首先,相似形章节的内容比较多,但是基本上各个内容之间是串联线性关系,也即有着比较严格的先后逻辑,其中主要的相似三角形部分的内容可以相对独立。同时,其中的概念、判定以及性质之间的关系与之前学习的平面图形,如三角形、四边形等具有相同的顺序,为此可以将相似形章节的内容拆分成几个单元:比例线段、相似三角形、实数与向量相乘。

其次,根据学生学习的基础以及在新的问题研究时的方法,相似三角形的概念、判定以及性质还可以进一步地细分为更小的单元。小单元的优势在于,单元内的内容更有利于整合调整,方法的一致性更强,同时,在时间上也可以比较集中地进行学习。

鉴于以上的思考,将相似三角形的性质作为一个独立的小单元进行规划和设计。

单元目标、内容与课时

根据上教版的课本,相似三角形的性质一共有4课时,重新规划后基本保持课时不变,对课本的内容进行了部分的调整,调整前后的内容与课时规划如表 3-1-4。

表 3-1-4

内容序	课本安排(调整前)	调整后	课时
1	相似三角形的性质定理1(相似三角形对应高的比、对应中线的比、对应角平分线的比都等于相似比.)及简单应用	相似三角形的性质探究; 相似三角形的性质定理1、2、3 及简单应用	1

续表

内容序	课本安排(调整前)	调整后	课时
2	相似三角形的性质定理2(相似三角形的周长的比等于相似比) 相似三角形的性质定理3(相似三角形的面积的比等于相似比的平方)及简单应用	相似三角形的性质应用(1)(射影定理、"A"字形等基本图形); 基础应用+基本图形+基本方法	1
3	相似三角形的性质应用(1)(射影定理、"A"字形等基本图形)	相似三角形的性质应用(2)(一线三等角、三角形内接正方形等基本图形); 基础应用+基本图形+基本方法	1
4	相似三角形的性质应用(2)(一线三等角、三角形内接正方形等基本图形)	相似三角形的性质应用(3) 基础应用+基本图形+基本方法+变式综合	1

关于目标,在确保基本目标的前提下,增加了新的学习活动,比如对相似三角形性质的探究,基本图形、基本方法的归纳以及在变式综合后需要有的反思等与学生学习活动相对应的目标。因此,我们将相似三角形性质单元的目标设置如下:

1. 经历对相似三角形性质的探究过程,进一步了解研究相似三角形的一般方法;
2. 掌握相似三角形的性质定理;
3. 通过对相似三角形性质的分析,体会图形放缩运动中有关几何量的变与不变的辩证关系;在探索相似三角形性质的活动中,获得提出问题、思考问题、归纳结论的数学学习体验;
4. 在解决问题的过程中,逐步归纳整理相似三角形的基本图形与基本方法;在学习思考过程中,获得数学表达规范性与思维严密性的体验。

单元活动、作业与评价设计

本单元的规划是建立在内容以及学习方式的"承前启后"上的,为此,探究思考、归纳总结是本单元活动、作业与评价设计重点需要呈现的。

单元活动设计

活动一:相似三角形的性质探究

本单元的设计在内容上比较大的调整是将对相似三角形的性质探究放在了一个

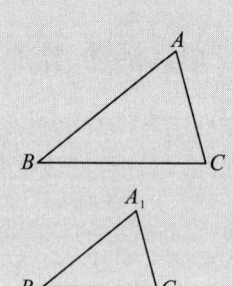

课时中完成。这一调整,在课堂中需要有活动作为支撑。为此,我们在课堂中设计了操作活动和相应的问题:

操作:
1. 请利用一个三角形纸板作为模板,画出一对相似但不全等的三角形。
2. 请在方格图中,画出一对相似但不全等的三角形。

设计说明:
这个操作活动的设计,一是可以复习相似三角形的判定,二是可以作为后续问题研究的材料,尤其是在方格纸中画出的一对相似但不全等的三角形,在相似三角形面积的对应关系研究中起到比较大的作用。

问题:相似三角形有哪些性质?

全等三角形是相似三角形的特例

对应角相等	对应角相等
对应边相等	对应边成比例→等于相似比
对应角平分线相等	对应角平分线?
对应高相等	对应高?
对应中线相等	对应中线?
对应周长相等	对应周长?
对应面积相等	对应面积?

如图,$\triangle ABC \backsim \triangle A_1B_1C_1$,顶点 A、B、C 分别与 A_1、B_1、C_1 对应,$\triangle ABC$ 与 $\triangle A_1B_1C_1$ 相似比是 k.

对应角相等
对应边成比例→等于相似比
对应角平分线?
对应高?
对应中线?
对应周长?
对应面积?

探究主要过程：

（1）明确研究对象——三角形，一般从基本核心元素（边、角）、关联元素（角平分线、中线、高）、基本数量（周长、面积）进行研究；

（2）利用"全等三角形是相似三角形的特例"，类比全等三角形的性质，重点突出的是研究全等三角形的基本核心元素、关联元素、基本数量之间的对应关系；

（3）尝试进行相似三角形性质的探究与证明（在对相似三角形的面积比等于相似比的平方的探究过程中，利用方格纸中相似但不全等的三角形的数据进行猜想）。

设计说明：

这样的设计集中地提出问题，让学生自行选择研究的先后顺序，从学习基础来说，对应周长的比等于相似比，无论是从结论还是从证明来说，对学生反而是最简单的；对应角平分线、中线、高的证明有相类似之处，都是利用原相似三角形的结论加上相关线段的特殊性产生的新的条件后通过证明三角形相似得到的。以上四个结论没有严格的先后顺序，学生学习基本上没有障碍。一个方法到位，其他的基本都没有问题。而对于面积来说，在对应高还没有研究前是不能研究的，这点学生也很容易发现。因此，在面积研究时添高这个难点也很容易被突破。另外就是对相似三角形的面积比等于相似比的平方这个结论的猜想了，利用画出的"格点三角形"以及"割补法"求面积，从具体的数量关系入手进行，也比较顺理成章。

活动二：相似三角形基本图形的研究

在本单元的学习中，与相似三角形相关的"基本图形"，经过相似三角形的判定与性质的完整学习之后，对于一些图形的研究会更加深入。为此，我们在相似三角形的性质（3）课时中设计了对于常见基本图形的研究。

如图，在 $\triangle ABC$ 中，BE、CF 分别是 AC、AB 边上的高，BE、CF 相交于 O 点，联结 E、F.

(1) 你能在图中找到几对相似的三角形？请分别说明理由.

(2) 若 $\angle A = 60°$，请问：EF 和 BC 有什么样的数量关系？

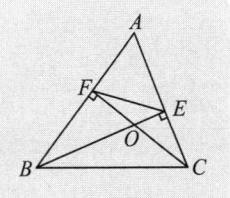

(3) 如果 $EF:BC = m:n$，求 △AEF、△OEF、△OBF、△OBC、△OCE、△ABC 的面积比.

$$△ABE \sim △ACF \qquad △ABE \sim △OBF \qquad △ACF \sim △OCE$$
$$\downarrow \qquad\qquad\qquad △ACF \sim △OBF \qquad △ABE \sim △OCE$$
$$\frac{AB}{AC} = \frac{AE}{AF} \rightarrow △ABC \sim △AEF$$

$$△OBF \sim △OCE \rightarrow \frac{OB}{OC} = \frac{OF}{OE} \rightarrow △OBC \sim △OFE$$

设计说明：

这是一个非常常见的相似形基本图形，但是由于其中相似三角形比较多，在解决问题的过程中也会产生找不到或者找不准的情况，因此，通过这个"全部"都找出来的方式，加深对其中基本图形的认识. 同时，重点分析需要经过相似得到结论再证相似的两对相似三角形，是对于相似三角形判定与性质的综合应用. 后续增加条件后对于新增加结论，需要建立在基本图形的基本结论基础上，是对基本图形、基础结论的深化.

活动三：相似三角形性质应用的变式研究

在本单元的学习中，应用也是很重要的一个环节，性质探究用一节课完成的前提下，对于应用的设计是侧重在"基本图形"与"基本方法"两个基本上。为此，我们对于课本、练习册上的例题、练习题进行了归类、整合并进行了变式设计。

1 射影定理

这个定理不作为定理在书本上呈现，但是其基本图形以及相对应的结论分散在书本和练习册中，射影定理涉及的图形和证明的方法就是本单元的"基本图形"与"基本方法"。我们在相似三角形的性质(2)课时中设计了如下练习及变式：

练习及变式：

练习5： 如图1，△ABC 中，∠ACB = 90°，CD 是 △ABC 的边 AB 上的高. 已知 $BD = 9$ cm，$BC = 15$ cm，求 AB 的长.

练习6： 已知：如图2，在 △ABC 中，∠ACB = 90°，CD 是 △ABC 的边 AB 上的高. 求证：$CD^2 = AD \cdot BD$.

问题 1：还能得到其他的类似结论吗？

问题 2：以下命题是真命题吗？试证明你的结论.

命题一：如果 CD 是 $\triangle ABC$ 的边 AB 上的高（点 D 在 AB 边上），且 CD 是 AD、BD 的比例中项，那么 $\triangle ABC$ 是直角三角形.

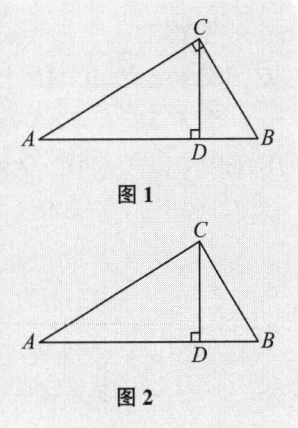

命题二：如果 CD 是 $\triangle ABC$ 的边 AB 上的高，且 AC 是 AD、AB 的比例中项，那么 $\triangle ABC$ 是直角三角形.

命题三：如果 CD 是 $\triangle ABC$ 的边 AB 上的高，且 BC 是 BD、AB 的比例中项，那么 $\triangle ABC$ 是直角三角形.

图1

图2

设计说明：

这组问题的设计来源于课本上的例题与练习.课本上是分散在两个课时中，我们在设计时加以整合放在同一课时中，并通过两个练习，一个隐藏结论，一个直接揭示结论，进而提出问题：还有其他类似的结论吗？其实，这就是射影定理，虽然定理本身不作为教学的基本要求，但是获得定理的过程以及相关的图形与结论还是很有研究的价值.随后的问题2，将原命题中的一个条件与结论互换，并用文字语言替换几何表述，命题一是改编自书本上的练习题.经过这样的改编，基本上对这个图形的特征可以有比较完整的认识，有一定的系统性.

2　三角形的内接正方形

这是一个常见的数学问题，我们在相似三角形的性质(4)课时中设计了如下练习及变式：

练习及变式：

例题　如图1，正方形 $DEFG$ 的边 EF 在 $\triangle ABC$ 的边 BC 上，顶点 D、G 分别在边 AB、AC 上.已知 $\triangle ABC$ 的边 BC 长60厘米，高 AH 为40厘米，求正方形 $DEFG$ 的边长.

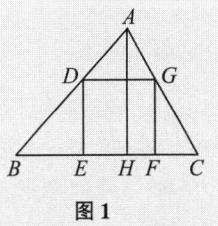

变式1：如图2，矩形 $DEFG$ 的边 EF 在 $\triangle ABC$ 的边 BC 上，顶点 D、G 分别在边 AB、AC 上，已知 $\triangle ABC$ 的边 BC 长60厘米，高 AH 为40厘米，如果 $DE=2DG$，那么 $DG=$ ▲ 厘米.

图1

变式 2：如图 3，已知△ABC 是边长为 2 的等边三角形，正方形 DEFG 的顶点 D、E 分别在边 AC、AB 上，点 F、G 在边 BC 上，那么 AD 的长是 _____▲_____．

变式 3：在一块直角三角形铁皮上截一块正方形铁皮．如图 4，已有的铁皮是 Rt△ABC，∠C=90°，要截得的正方形 EFGD 的边 FG 在 AB 上，顶点 E、D 分别在边 CA、CB 上．如果 AF=4，GB=9，那么正方形铁皮的边长为 _____▲_____．

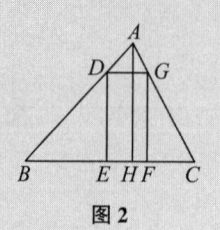

图 2 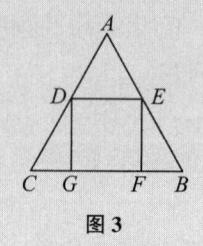　　　图 3 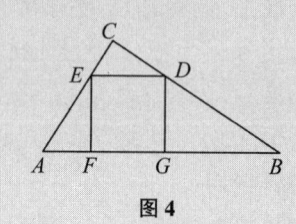　　　图 4

设计说明：

这组问题的设计，主要是针对一般化图形条件下的一般化方法以及增加条件后形成的一些特殊的结论．总体来看，在教学与学习过程中，利用解决几何问题的思维路径图进行一致性分析，在提高效率的同时，也突出解决一类问题的通性通法．

单元作业与评价设计

本单元的学习侧重于相似三角形的基本要素及其关系，以及与相似三角形相关的基本图形与基本方法，充分利用了书本与练习册上的问题，进行了关联性重组。因此，作业除了需要完成相关题目以外，还需要对于"题组"以及"题组"之间的关系进行必要的整理，利用学习单的笔记形式进行归纳与反思，同时，对于完整相似三角形大单元的结构进行必要的梳理。这个梳理包括基本知识之间的逻辑关系，也包括基本图形以及相互之间的关系。

学习几何图形，我们一般从组成图形的基本要素及其关系入手。

研究几何图形，我们可以从组成复杂图形的基本图形及其相关要素的关系入手。

第二节 "单元"视角下的乘法公式
——提炼共性,体现特征,促进知识结构整体化[①]

对于"乘法公式"这部分内容,在实际教学中,很多教师会有比较一致的感受:在新课教学的过程中,学生的学习情况还比较良好,一旦进入综合运用阶段,有些学生就会出现公式混用或者用错的现象。究其原因,可能是这些学生对于"乘法公式"整体的理解还不够,尤其是这两个公式之间的差异性感受不够明显。

在人教版、北师大版、浙教版以及上教版的教材中,"乘法公式"这一知识内容的呈现有着比较高的一致性,基本上都分为两个主题内容:"平方差公式"和"完全平方公式",并且先后顺序基本上一致,课时一致。因此,我们可以从发掘教学内容、教学过程等的一致性角度出发,采用共性特征设计教学,并着重在知识整体探究的过程中不断地呈现出差异比较。

一、分析教材,提炼共性

对于教材的研读,我们主要从年级、课时、内容的关键环节(问题)等角度对几个版本的"乘法公式"部分课本内容进行比较。

表 3-2-1

教材	内容所处年级和课时	内容关键环节(问题)
人教版	八年级上 4课时	·计算下列多项式的积,你能发现什么规律吗? ·你能根据图形的面积说明平方差(完全平方)公式吗? ·阅读与思考:杨辉三角(不在正式课时内)
北师大版	七年级下 4课时	·观察以上算式及其运算结果,你有什么发现?再举两例验证你的发现。 ·①分别求图形面积,比较结果,你能验证平方差公式吗? ②你能用图解释完全平方(和)公式吗? ③请你设计一个图形解释完全平方(差)公式。 ·想一想,找算式运算过程,发现了什么规律?请用字母表示这一规律,你能说明它的正确性吗? ·读一读:杨辉三角(不在正式课时内)

[①] 原文发表于《上海中学数学》2022年9月刊,有删改。

续表

教材	内容所处年级和课时	内容关键环节(问题)
浙教版	七年级下 4课时	・平方差公式： ✓ 计算：$(a+b)(a-b)=$ _____. 比较等号两边的代数式，它们的系数和字母方面各有什么特点？ ✓ 你能根据两个阴影的面积关系直观地说明平方差公式吗？ ・完全平方公式： ✓ 大正方形的边长为 $a+b$。请用两种不同的方法计算这个大正方形的面积，你发现了什么代数公式？你能否用多项式与多项式相乘的法则推导出这一代数公式？请试一试。 ✓ 如果把 $(a-b)^2$ 写成 $[a+(-b)]^2$，就可以由两数和的完全平方公式写出两数差的完全平方公式。 ・杨辉三角与两数和的乘方(不在正式课时内)
上教版	七年级上 4课时	・通过计算你发现了什么规律？ ・你能根据图中图形的面积关系来说明平方差(完全平方)公式吗？ ・探究活动一　一组平方数规律的探究(字母表示数) ・阅读材料　贾宪三角(不在正式课时内)

从以上比较中可以发现：首先，内容与顺序都一致：平方差公式、完全平方公式、应用以及贾宪(杨辉)三角；其次，"平方差公式"和"完全平方公式"这两个教学内容之间的关系是并列的，也就是没有严格的先后逻辑关系；最后，"平方差公式"和"完全平方公式"在教材呈现形式以及顺序上有比较明显的一致性，都是两个两项一次多项式相乘的特殊情况，一个在公式的呈现形式上是两个特殊的多项式相乘，另一个在利用图形解释(说明)公式时利用了特殊四边形的面积。同时，这两个公式在呈现的过程上基本一致，也就是在教学过程中的基本流程几乎一致。人教版与上教版的两个教材版本中，基本都是这样的教学流程：

观察发现 ⇒ 举例验证 ⇒ 公式呈现 ⇒ 语言描述 ⇒ 图形解释 ⇒ 例题巩固 ⇒ 公式应用

图 3-2-1

北师大版与浙教版在完全平方公式部分有一些不同的流程，但是关键环节是一致的。

二、适当整合，制订方案

由于这样的内容之间的逻辑关系以及教学流程的一致性，因而我们可以将一致性提炼之后重新规划单元。在各个版本的教材中，本部分学习内容中关于乘法公式的有4课时，而"贾宪三角(杨辉三角)"基本都不在这4课时的教学中，需要另外安排时间教学，有些可能就不进行教学了。综合各个版本的教材分析，我们需要在单元规划过程中通过构建主线与逻辑将教材进行重组，并相应地适当整合，制订方案，同时确定教学目标，设计问题与活动。

学生存在着一个比较大的问题就是不会选择解决问题的方法。例如，学生对于各种乘法公式就是死记硬背、生搬硬套，还经常出现张冠李戴的现象，这就要求教师在这些公式引入的环节就做好设计，让学生明白公式是怎么得到的、会分辨各个公式各有什么样的特点，而不是教一个、练一个，然后学生学一个、扔一个。基于这样的考虑，我们将完全平方公式与平方差公式的导出部分加以合并。

通过整体规划后，4个课时的教学可以这样安排：平方差公式、完全平方公式的探究为1课时；公式的基础应用(含简便运算)为2课时；拓展与提高(应用问题、换元、杨辉三角)为1课时。

这个单元规划的重点在于公式的引入部分，因此重点先分析乘法公式的引入，随后再进行后续教学与学习环节的设计。

一般地，我们将公式研究过程的主要环节归纳为："发现"、举例、说明(解释)、式子、文字表述、验证。北师大版的教材重点呈现的是除了验证之外的五个环节：

"发现" ⇨ 举例 ⇨ 式子 ⇨ 文字表述 ⇨ 说明(解释)

图 3-2-2

方案一：利用特殊四边形的面积，将"发现"与说明(解释)环节整合。

说明(解释) / "发现" ⇨ 式子 ⇨ 验证 ⇨ 文字表述

图 3-2-3

制定目标为：

1. 经历平方差公式、完全平方公式的探求过程，理解这两个公式的意义，知道平方差公式、完全平方公式与多项式乘法法则的关系；

2. 熟悉平方差公式、完全平方公式的特征，会初步选择、运用平方差公式与完全平方公式进行简单计算；

3. 以折纸拼图为载体，搭建创新实践平台，产生对问题研究的好奇心与探究欲望；

4. 借助图形面积进行说明的过程，体会"从一般到特殊"研究问题的方法和数形结合、化归的数学思想。

方案二：利用两个两项一次多项式相乘的特殊的多项式相乘的特殊性，将"发现"与验证环节整合。

$$\begin{array}{c}\boxed{\text{验证}}\\\boxed{\text{"发现"}}\end{array} \Rightarrow \boxed{\text{式子}} \Rightarrow \boxed{\text{说明（解释）}} \Rightarrow \boxed{\text{文字表述}}$$

图 3-2-4

制定目标为：

1. 理解平方差公式、完全平方公式的意义以及它们与多项式乘法的关系，会初步选择、运用平方差公式与完全平方公式进行简单计算；

2. 经历公式的推导进行说明的过程，体会"从一般到特殊"研究问题的方法和化归的数学思想；

3. 通过参与课堂活动，感受探索与合作的乐趣，并从中获得成功的体验。

三、问题引领，细化活动

在教学设计中，首先打破"数"和"形"在同一个公式教学中同步出现的情况，通过"数"和"形"两个特殊性的探究角度串联起几个乘法公式。

方案一：利用特殊四边形的面积，将"发现"与说明（解释）环节整合。

本案例由华师大张江实验学校的教师完成。他们在教学设计中，将原先两课时的内容进行了合并与调整：两个公式的导出与辨析作为第一课时，练习与巩固作为第二课时。学生数学基础相对比较薄弱，在导出部分主要采用教师设计活动，学生同桌

合作交流完成的形式,探究的主要成果以填空的形式出现,具体的导入设计如下:

1. 操作与填空(同桌合作交流完成)

(1)把一张正方形纸片的一边任意分成两段,它们的长度分别设为 a 和 b(且 $a>b$),用同样的方法把纸片的另一边也分成 a 和 b 两段,然后按照图1折出虚线部分,沿着折痕剪下图形,并在剪下的每块图形上写出它所表示的面积.

请问:大正方形的边长是_____;大正方形的面积可以表示为_____;还可以表示为_____;它们的数量关系是_____.

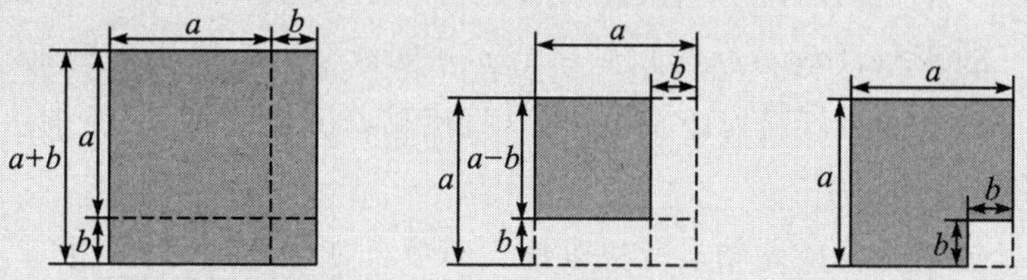

图1   图2   图3

(2)按照图2把两张边长为 a 和 b 的长方形纸片以白色部分为正面覆盖在边长为 a 正方形纸片上.

请问:图2中阴影部分的边长是_____;它的面积可以表示为_____;还可以表示为_____;它们的数量关系是_____.

(3)按照图3,在边长为 a 的正方形纸片的角上剪去边长为 b 的正方形,请你再剪一刀,把这个不规则的图形拼接成一个我们熟悉的四边形.

请问:拼接成四边形后的面积可以表示为_____;图3阴影部分的面积表示为_____;它们的数量关系是_____.

2. 思考(学生个人完成)

你能运用我们所学过的知识来解释上述式子从左到右的变化过程吗?

以上教学实践设计是基于整式教学中关于乘法公式的两个要点:用图形的面积说明(理解)乘法公式、用整式乘法法则推导乘法公式,同时将教学重点以及难点的突破口定位在先学会分辨差异,再巩固提高正确率。

通过折纸,图形面积"算两次",直观感知平方差、完全平方公式的形式;在此基础上,师生一起运用多项式乘法的运算法则探求出平方差公式与完全平方公式。通过课堂的引入,以及配套的辨析练习,学生普遍对这两个公式能够做出比较好的区分与辨别,并且基本上采用先观察再计算的方法进行乘法计算,教学效果比较好。

方案二:利用两个两项一次多项式相乘的特殊的多项式相乘的特殊性,将"发现"与验证环节整合。

以北师大版的课本为例,在乘法公式的前一节课整式的乘法中,有随堂练习:

计算:(1)$(m+2n)(m-2n)$; (2)$(2n+5)(n-3)$;
(3)$(x+2y)^2$; (4)$(ax+b)(cx+d)$.

这部分的 4 个小题蕴含了很大的信息量,从人教版的对于两个项数为两项的多项式相乘的一般式看,$(a+b)(p+q)$,其中的 p、q 如果有一些特殊的特征,那么相乘所得多项式的项数可能出现特殊的情况,可以直接顺着这样的练习,在乘法公式的教学中,用以下的思考问题引入:

两个项数为 2 的多项式相乘所得多项式的项数可能是_____;

具有一些特征的两个项数为 2 的多项式相乘会得到一些较特殊的结论,你能举出一些例子并且进行说明吗?

这样的引入可能对于一些学生显得过于开放一些,那么可以适当地将问题进行分解,通过多项式的一些特殊性上引入:

问题 1:你能用数学符号语言来叙述两个多项式相乘的法则吗?

问题 2:如果两个多项式中的项有些什么特殊的形式,其计算结果有何特征?

问题 2.1:如果两个多项式中的项完全相同,其计算结果有何特征?

问题 2.2:如果两个多项式中的项完全相反,其计算结果有何特征?

问题 2.3:如果两个多项式中一项相同,一项相反,其计算结果有何特征?

以上的教学设计,问题 2.1 至问题 2.3 是对问题 2 的一个补充,这样的问题如果在课堂中有比较充足的时间,学生就会比较自然地生成问题 2.1 至问题 2.3 三个问题,因此,在陆行南校进行的课堂实践过程中,根据不同班级学生的课堂反馈情况,由统领性问题生成后续的分解小问题,而小问题的先后顺序也会有所差异。

通过以上问题,学生能比较快地找出 $(a+b)^2=a^2+2ab+b^2$ 以及 $(a+b)(a-b)=a^2-b^2$,此时就可以参考浙教版"如果把 $(a-b)^2$ 写成 $[a+(-b)]^2$,就可以由两数和的完全平方公式写出两数差的完全平方公式",然后将 $(a+b)^2=a^2+2ab+b^2$ 与 $(a-b)^2=a^2-2ab+b^2$ 两个公式进行比较。

这样的引领性问题,体现了以下的乘法公式的引出过程,更多地体现出了学生的自主探究：

公式探究 ⇨ 公式归纳 ⇨ 文字表述 ⇨ 差异比较

图 3-2-5

以上两个方案,在探究过程中,都关注到了乘法公式的特殊性,从数和形两个角度进行研究,在保持研究角度一致的情况下,需要从数的角度对从形的角度观察得到的结果进行验证,也可以从形的角度对从数的探究归纳得到的结果进行说明与表示。因此,这样的两种方案设计都可以在一个课时的学生探究过程中得出三个特殊的乘法公式,同时也达到了分开推导所不能达到的一个目标:分辨各个公式各有什么样的特点并进行各个公式差异的比较。

知识结构化不仅体现在单元或章节的复习环节中,更应该体现在新课的教学中,找到知识的生长点,从结构生成的角度进行合理、有效的设计,并且设计好问题与活动,重点体现出学生对于新问题的研究思路与探究过程,这就是单元教学的魅力与价值所在。

第三节 "单元"视角下的基本图形

一、图形解构、方法拓展,发掘几何例题的内涵[①]

在初中数学学习中,几何证明是一个难点。造成这一难点的主要因素是图形的变化多、结论多和方法多,对思维与表达的要求比较高。

教材往往会选择一些解题方法比较典型的题作为例题或者习题,这需要教师再从题目本身的特点入手进行适当的图形解构和方法拓展来挖掘这些例题、习题的内涵。

几何证明题解决的关键之处在于解题之前的预设以及解题思路或者说是方案的确定,在解决问题的过程中要重视的是几个"逻辑块"或者是"逻辑段"以及它们之间联系的搭建。

本文以上海教育出版社出版的九年义务教育课本八年级第一学期(试用本)的第

---

① 原文发表于《上海中学数学》(5/2020 总第 320 期)第 1-3 页,有修改。

97页19.2证明举例,第六课时的例题11为例,说明在图形解构、方法拓展等方面进行例题变式以及教学的尝试。

(一)原题解构

原题:

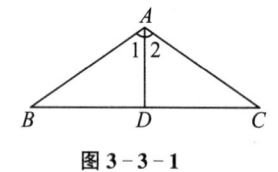

已知:如图3-3-1,D是BC上的一点,BD=CD,∠1=∠2,

求证:AB=AC.

解题过程如下:

证明:延长AD到点E,使DE=AD,联结CE.

在△ABD与△ECD中,

$$\begin{cases} BD=CD, \\ \angle ADB=\angle EDC, \\ AD=ED, \end{cases}$$

∴△ABD≌△ECD.∴EC=AB,∠E=∠1.

又∵∠1=∠2,∴∠E=∠2.∴EC=AC.

∴AB=AC.

图3-3-1

解题思路模块:

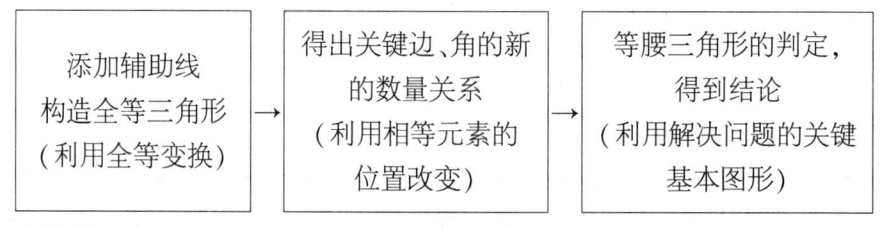

| 添加辅助线
构造全等三角形
(利用全等变换) | → | 得出关键边、角的新
的数量关系
(利用相等元素的
位置改变) | → | 等腰三角形的判定,
得到结论
(利用解决问题的关键
基本图形) |

本题是通过添辅助线的方法证明线段相等,这种思考方法,实质是全等变换,运用中点,将某个图形绕某一定点(中点)旋转180°,这点在教材的边款中也有特别的说明(如图3-3-2)。

首先,在教学过程中要对"思考方法"以及"添线方法"进行区分,并且设计好先后的教学顺序以及两种方法之间的关联。笔者在教学过程中先画出大致添线的图形,再运动图形,

> 本题证明中添辅助线的思考方法,是注意到点D是BC的中点,将中线AD延长一倍,联结CE,实质是将△ABD绕点D旋转180°

图3-3-2

最后引入具体添线方法,运用之前学习过的三种基本图形运动的性质与添辅助线的目标之间的共同性:改变图形的位置不改变图形的大小,将分散的条件集中,同时,课件辅助进行演示(如图3-3-3)。

其次,落实添辅助线的规范表达以及证明过程的书写。

最后,分析图形的基本特征,将原题进行解构,用一般化的语言表述图形的基本结构及特征,可以描述基本的元素及位置、数量关系,本题的图形结构可以描述为:两个相等的角,两条共线的相等线段(一条线段和其上的中点);这两个相等的角共顶点、共一条边且这条边经过线段的中点。在这样的图形结构下可以有这样的结论,即角的顶点到线段与角另两条边的交点的距离相等。

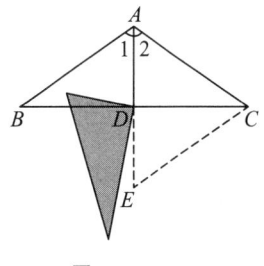

图3-3-3

(二)变式巩固

书本上的例题是一道非常典型的通过添设辅助线解决的几何问题,本身也代表了一类方法,即通过图形的基本运动——全等变换——来思考解决问题,但是在教学习惯中,这样的方法往往被总结为四个字——"倍长中线"。从教师的角度来看,这四个字总结精炼、表达简单、准确到位,但是从学生理解和应用的角度来看,他们往往会遇到问题。学生在添设辅助线的时候分不清楚"延长且加倍的线段"以及"需要联结的两个端点",造成这样混淆的可能原因之一是例题条件与图形的"轴对称性",但本质上还是对本题添辅助线的本质是全等变换没有理解。

我们可以通过数学教学中常用的方法——变式——来解决这个问题,这个例题的变式主要采用的是改变部分的已知条件,不改变结论的方法,由于部分已知条件的改变,图形也随之改变。改变的主要出发点就是破坏原例题中的"轴对称性",主要改变的是两个相等的角的共顶点特征,变式后的图形结构为:两个相等的角,两条共线的相等线段(一条线段和其上的中点);这两个相等的角的顶点共线、共一条边且这条边经过线段的中点。在这样的图形结构中结论依然为:角的顶点到线段与角另两条边的交点的距离相等。得到如下的变式:

变式1.1:

已知:如图3-3-4,D是BC上的一点,$BD=CD$,$\angle 1=\angle 2$.

求证:$AB=CF$.

变式 1.2：

已知：如图 3-3-5，D 是 BC 上的一点，$BD=CD$，$\angle 1 = \angle 2$。

求证：$AB=CF$。

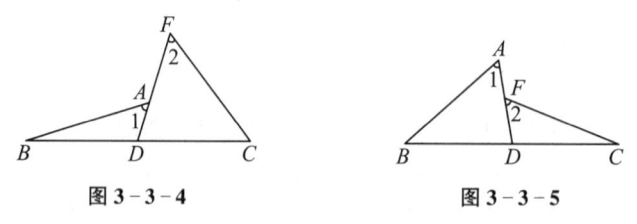

图 3-3-4　　　　图 3-3-5

在变式的教学过程中，利用与例题一致的全等变换的思维方法，重点解决如何添设辅助线，尤其是"倍长"和"连线"之间的关系，通过图形运动加深理解，添设辅助线完成之后，我们可以发现解决问题的基本过程的逻辑模块与例题高度一致，且这两个变式的证明过程完全相同，这样可以引导学生寻找规律，写出过程，并进行反思。

具体来说，这两个变式只有图形是不同的，所以本质上就是同一个变式，在解决问题的过程中，"本题证明中添加辅助线的思考方法，是注意到点 D 是 BC 的中点，将 AD 延长一倍，联结 CE，实质是将 $\triangle ABD$ 绕点 D 旋转 180°"，这句话同样成立，不同的只是这时 AD 不再是中线，而是过中点的一条线段。

这样的变式设计，是从思考解决问题的角度进行设计的，重点在于图形结构与特征的分析，同时需要构建的是基本的逻辑模块。在此基础上的完整证明过程不是重点，更不是难点，在课堂上能够通过师生间、生生间的对话直接解决。

为了进一步巩固，我们可以再改变条件进行变式，改变"两个相等的角的共一条边经过线段的中点"的条件，这时需要从复杂的图形中找到解决问题的关键基本图形，变式如下：

变式 2：

已知：如图 3-3-6，在 $\triangle ABC$ 中，AD 平分 $\angle BAC$，E 为 BC 的中点，过点 E 作 $EG \parallel AD$，与 CA 延长线交 G 点，与 AB 交于 F 点。

求证：$BF=CG$。

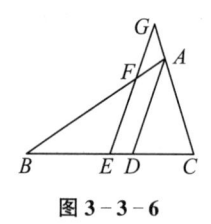

图 3-3-6

在这个变式中,少了"两个相等的角的共一条边经过线段的中点"的条件,但是多了一个"过线段中点有一条与相等角的公共边平行线"的条件,这个条件可以用来寻找新的相等角,利用平行线的性质可以将两个相等的角转化为不共顶点,但有共线边且过线段中点的图形结构,可以分解出基本图形(如图3-3-7),此时的图形条件与结构与变式1完全相同,问题就迎刃而解。

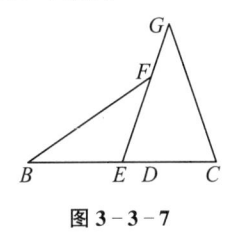

图 3-3-7

(三)方法拓展

这样的方法,在这一阶段的几何学习过程中应用得比较多,且是一个解决问题的基本方法。比如,同样的方法用在同册课本第115页,19.8直角三角形的性质"直角三角形斜边上的中线等于斜边的一半"的定理证明中。

在教学过程中,就本例题用到的全等变换的方法还可以进一步拓展,本例题主要是利用图形的旋转,旋转角为180°,同样利用旋转,具有不同的图形结构、不同的条件和特征的问题可能涉及的旋转角的大小不同,但是本质上的方法是一致的。那么,根据学生的学习情况,我们可以设计课后的单元作业,由几个关联性问题组成,如下:

问题1:

如图3-3-8,在正方形 $ABCD$ 中,$\angle EAF = 45°$,点 E、F 分别在 BC、CD 边上,过 A 点作 $AG \perp EF$ 于 G 点,试说明 $AB = AG$ 的理由.

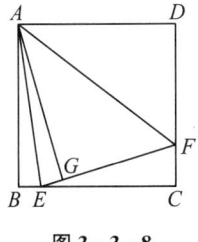

图 3-3-8 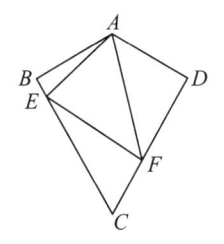   图 3-3-9

问题2：(巩固)

如图3-3-9,四边形$ABCD$中,$AB=AD$,$BC=CD$,$\angle BAD=120°$,$\angle BCD=60°$,作$\angle EAF=60°$,点E、F分别在BC、CD边上,联结EF.

(1)你能找出线段BE、EF、DF长度之间的关系吗？证明你的结论.

(2)过A点作$AG\perp EF$于G点,试说明线段AB与线段AG长度之间的关系.

问题3：(拓展)

完成下列命题的填空,要求：①命题是一个真命题；②画出图形,证明结论.

如果,四边形$ABCD$中,$AB=AD$,$BC=CD$,_____,作$\angle EAF=$_____,点E、F分别在BC、CD边上,联结EF.

那么,$EF=BE+DF$.

如果在上述的命题中增加条件$AG\perp EF$于G点,能得到$AG=AB$的结论吗？

以上三个问题主要体现的是利用全等变换的方法解决几何中的常见问题,不仅是对于问题的解决,还需要探究找寻这一类问题的图形结构特征,这样的结构特征在问题3的开放式问题设计中直接利用图形语言和几何语言进行表达。

在单元作业的实施中,我们要抓住解决问题的"逻辑块",利用分析的形式将重要的关键点表示出来(如图3-3-10)。这样做的优势在于：对于问题1的分析过程可以直接利用到问题2中,只是在几个关键条件上有变化,即$\angle BAD$、$\angle BCD$和$\angle EAF$的度数有变化；同时,通过利用"逻辑块"分析的类比学习,我们可以帮助学生探究找寻这一类问题的图形结构特征。

延长CB到点P,使$BP=DF$,联结AP.

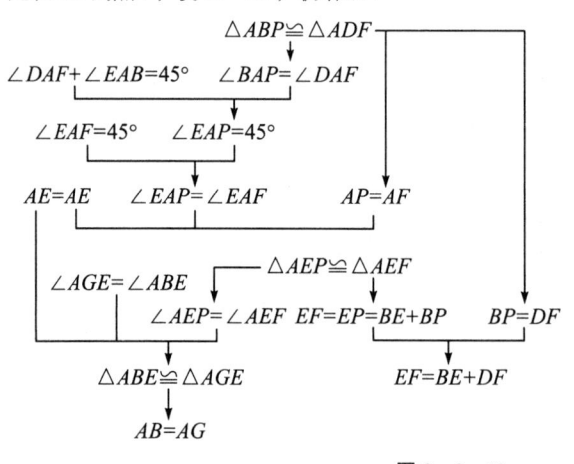

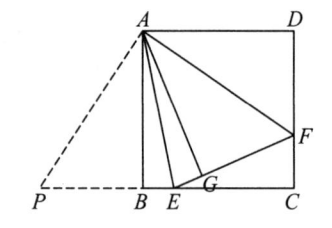

图3-3-10

单元作业的设计要设定目标,根据学生的实际情况,选择合适的作业布置、指导与评价方式。与本例题解决问题的方法类似的题有很多,需要根据学生的学习基础与进程进行选择,不管如何选择,各个问题之间都需要有一定的逻辑关联,在一些难度比较高的问题中,变式或者问题组的设计要有一定的坡度,在教学与实施的过程中需要有前后一致的思维与表达方式,这样才能达到事半功倍的效果。

(四)应用检测

这道例题在课本的课时形态中是一个课时两个例题中的一个,而例题所呈现出来的方法在后续的教学内容中是一个解决问题的重要应用工具,在直角三角形的性质学习完之后,可以设计检测题:

已知:如图 3 - 3 - 11,Rt△ABC 中,AC>BC,∠ACB = 90°,CD 是 △ABC 的中线,点 E 在 CD 上,且∠AED = ∠B.

求证:AE = BC.

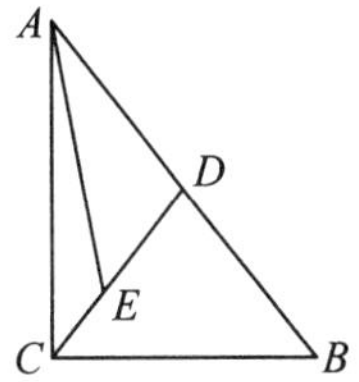

在这道检测题中,我们可以比较清晰和明确地根据直角三角形的性质得出角之间的一些关系,但是并不能直接得到最后的结论。然而通过对图形结构的分析我们可以发现,在这个不是很复杂的图形中隐藏着一个与变式 1 具有相同图形结构的基础图形,这样问题就很容易得到解决。

图 3 - 3 - 11

课本练习册上的例题、习题都经过了精心的选编,数学尤其是几何证明的内容丰富,变化多样,需要对例题、习题的内涵加以充分挖掘,帮助学生理解问题及解决方法的本质,提升教学的品质与学生的学习能力与素养。

二、精选、巧编例题与习题,帮助学生学会数学思维[①]

(一)问题提出

数学思维是以数和形及其结构关系为对象,以数学语言和符号为载体,并以认识发现数学规律为目的一种思维。

---

① 原文收录于《搭建学习研究平台,提升教师专业素养》(上海市普教系统名校长名师培养工程成果书系)(上海三联书店)第 188-197 页,有修改。

要提高学生的思维能力,就要引导学生养成良好的思维习惯,而思维习惯的形成,又要落实到思维品质的形成上。教学实践证明,把科学的思维方式融于教学内容和教学方法之中,能使学生在接受知识的同时学到一种思维方法,或接受一次科学思维训练,在不断解决问题的过程中,逐步形成良好的思维品质。

德国数学教育理论专家栋科教授认为:思维着的教学活动决定着学习的质量。

数学习题是中学数学教学内容的重要组成部分,在现代数学教育和中学数学教学中占有重要的地位,对于提高中学数学教学质量、实现培养目标都有着举足轻重的作用。教师的例题教学和学生的习题解答,是数学教学活动的重要形式,是学生掌握系统的数学基础知识、技能和技巧的最重要的手段。如果从思维训练的角度来看,解答习题的过程不仅是单纯的知识应用过程,而且是数学思维的发展过程。因此,解题活动也是锻炼学生能力的重要手段。

以数学知识为载体,通过对思维的激活与调控,有效地培养和提高学生的数学素养,成为当今数学教师所应关注的问题。学生对数学知识的理解往往是浅层次的,这就需要通过数学习题的变换及解决,加深学生对知识的理解、掌握。

初中平面几何的教学,从数的学习转入形的研究,要从几何的本质属性方面理解和掌握图形的概念,要用逻辑推理的方法把握图形的性质。

初中阶段的学生年龄约十一二岁到十四五岁,这个年龄段的孩子的抽象逻辑思维逐步得到发展,但是思维中的具体形象成分仍然起着重要作用。因此,这个时期的思维活动往往还没有形成明确的抽象推理规则,而要凭借主体的经验开展数学思维活动。

学生进入初一年级,他们在智力、心理、社交和身体发展方面较小学和预备年级都发生了很大变化,开始在较抽象的水平上发展自己的思维和推理能力,但这属于一种"过渡时期的孩子",具体的活动经验仍是他们学习知识的重要手段。学习几何,对学生的思维能力的培养是非常有效的。

在几何学习中,教师应精心选择例题、习题,以提高教学的效率,有时还需对例题、习题做一定的改编,以使之更能符合学生的认识水平,提高教学针对性,以期达到对学生思维训练的效益最大化。

(二)案例分析

对于以下所选取案例的说明:

1. 案例均来自真实的课堂教学,属于公开的教学展示课、研讨课或示范课;
2. 案例均只选用了教学设计中例题与习题的设计部分。

案例1:

案例背景:2010年5月11日,浦东新区数学教师全员培训第三期学员优秀课展示。所选课题为七年级第二学期《14.4 全等三角形的判定(1)》,以课本的自然分段为一个课时进行教学,为借班上课。

例题(习题):

1. 巩固练习:在图中找出全等的三角形,并说明理由.(书P93页,练习1)

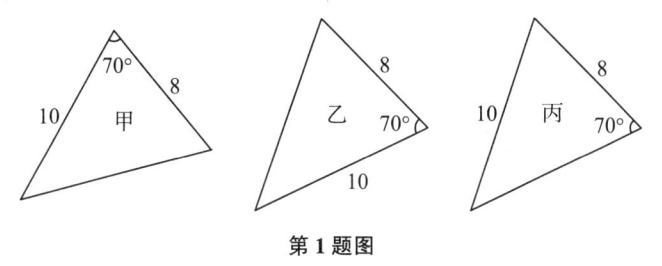

第1题图

2. 例题1 如图,已知 $AB=AD,AC=AE,\angle BAC=\angle DAE$,说明 $\triangle BAC$ 与 $\triangle DAE$ 全等的理由.

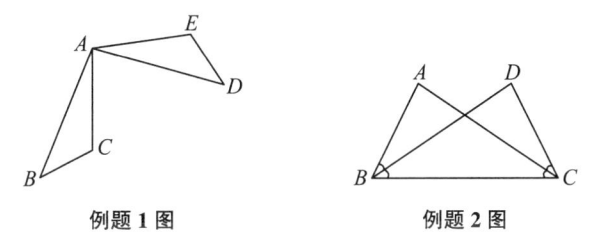

例题1图   例题2图

3. 例题2 如图,已知 $AB=DC,\angle ABC=\angle DCB$,那么 $\triangle ABC$ 与 $\triangle DCB$ 是否全等?为什么?

4. 解决问题(情景引入的问题):如图,把两根钢条 AB、CD 的中点合在一起,可以做成一个测量工件内槽宽的工具(卡钳),只要测得 AC 的长,就可知工件的内径 BD 的长,你明白其中的道理吗?(书P93页,练习3)

5. 练习:如图1,已知 $AC\parallel DE,AC=ED,BD=FC$,说明 $\triangle ABC$ 与 $\triangle EFD$ 全等的理由.(书P93页练习2)

第 4 题图　　　　　第 5 题图 1　　　　　第 5 题图 2

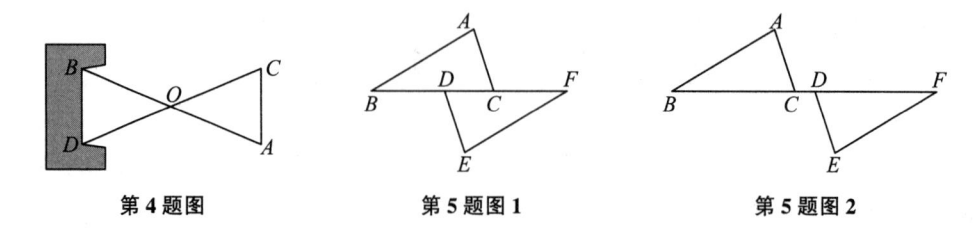

变式练习

问题:还有其他什么结论吗?

变式一:当点 D 在 BC 延长线上,其他条件不变时,这些结论还存在吗?说明理由.

变式二:联结 BE、AF,线段 BE、AF 有什么位置和数量关系吗?说明理由.

案例 2:

案例背景:2010 年 5 月 12 日,静安区教研活动公开课教学。所选课题为七年级第二学期《三角形全等的判定》,将教材做了一定处理,将三个判定的方法(原教材中的安排是 2 课时)在 1 课时的教学中同时完成,为本班上课。

例题(习题):

练习 1:在图中找出全等三角形,并说明全等的理由.

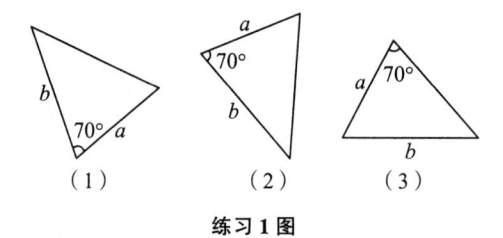

（1）　　　　　（2）　　　　　（3）

练习 1 图

练习 2:找出与甲三角形全等的三角形,并说明理由.

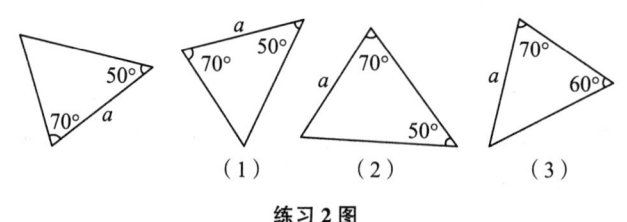

（1）　　　　　（2）　　　　　（3）

练习 2 图

(说明:从此练习题中,通过三角形内角和 180° 得到三角形全等的判定 3.)

练习 3:如图,已知 $\angle 1 = \angle 2$,$AB = AE$,那么 $\triangle ABC \cong \triangle AEC$ 吗?请说明理由.

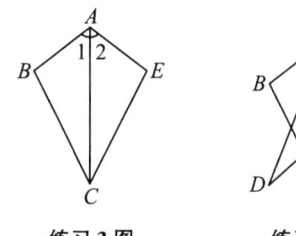

练习3图 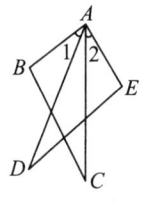　　　　练习4图 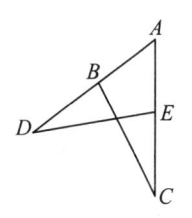　　　　练习5图

练习4：如图,已知∠1=∠2,$AB=AE$,$AD=AC$,那么△ABC≌△AED吗？请说明理由.

练习5：如图,已知$AB=AE$,那么△ABC≌△AED吗？如果能,请说明理由,如果不能,请添加一个条件使△ABC≌△AED.

案例3：

案例背景：2010年5月9日,浦东新区某学校教研组研讨课。所选课题为七年级第二学期《14.4 全等三角形的判定(1)》,以课本的自然分段为一个课时进行教学,本班上课。

例题(习题)：

例1：如图,已知$AB=AD$,$AC=AE$,∠BAC=∠DAE,说明△BAC与△DAE全等的理由.

变式：如图,已知$AB=AD$,$AC=AE$,∠BAD=∠CAE,说明△BAC与△DAE全等的理由.

练习1：如图,点E、F在BC上,$BE=CF$,$AB=DC$,∠B=∠C,求证：△ABF≌△DCE.

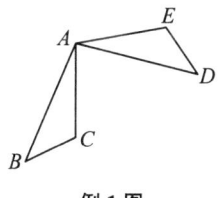

例1图 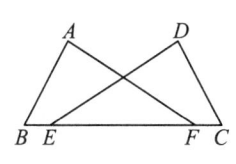　　　　　　练习1图

例2：如图,已知$AB=DC$,∠ABC=∠DCB,那么△ABC与△DCB是否全等？为什么？

练习2：已知：如图,$AB=CB$,∠ABD=∠CBD.

133

例 2 图　　　　练习 2 图　　　　练习 3 图

证明:(1)△ABD≌△CBD;(2)AD=CD,DB 平分∠ADC.

练习 3:已知:线段 AB,CD 交于 O 点,且被 O 点平分.求证:AC∥BD.

(三)实践反思

1 充分了解教材相关内容的编写意图

教材内容的编写是以课程标准为蓝本的,在教学设计与实践中都要充分地了解教材相关内容的编写意图。

"三角形全等"这一内容在新教材中是有一定的特色之处的,与之前的教材相比较,在"全等三角形的判定"之前引入了"画三角形",这就需要将"全等三角形的判定"与"画三角形"在思维层次上区分开。在教材编写上对于全等三角形的判断,是这样安排的:先提出"完全确定一个三角形的形状和大小需要给定这个三角形的几个元素"的问题进行思考,再安排画三角形的操作,然后探究判定两个三角形全等的条件。从这点上来看,在教材的总体把握上案例 1、3 和案例 2 的侧重有着明显的不同。

从教材分析的角度出发,我们可以看到"判定方法 1"的教学不仅仅承担着一个三角形全等判定方法的教学,更需要解决学习三角形全等判定的一些基本思想方法,并以此来解决后面的相关知识和问题。

2 挖掘教材例题和练习题的隐含作用

例题的作用是多方面的。例题教学具有传授新知识、积累数学经验、完善数学认知结构等多种功能。一般来讲,课本上的例题都显露出它们的形式训练价值,而其实际功能常是隐含的,需要进行有效的发掘,并分析由数学内容所反映出来的数学思想和方法。

我们看例题,就是要真正掌握其方法,不能只看一道是一道,只记题目不记方法,每看一道题目,就应理清它的思路,掌握它的思维方法。

对于学生来说,"全等三角形"是全新的知识,而新知识输入认知结构以后,并不是原封不动地贮存起来,在对新知识加工整理同化的同时还要经历有意义保持的心理过程,即在这个过程中,一部分知识在转化为新知识保持的同时,还有一部分新知将会被遗忘,因此,在数学课堂教学中合理选配习题能起到巩固的作用,从而达到转化新知、深化理解、反馈问题、减少遗忘。

例题1和例题2是判定方法的简单运用,强调识图和推理表达。例题2中有"公共边"这一隐含条件,帮助学生逐步认识图形,理清思路,分析问题。而在整个例题与习题的编排中,是以一种"运动"的思想贯穿其中,体现了旋转、翻折与平移。了解了这编写背后的含义,就要在教学中进行有力的体现,帮助学生在图形运动变化的位置关系中寻找出不变的数量关系,进行分析,建立起合理的逻辑链来解决问题。

3 运用一题多变的方法培养学生思维

学生学习几何以后,在他们的思维成分中,逐步由具体思维占多数发展到由形式思维占优势。也就是说,当学生进行思维时,形式运算思维要求在头脑中把形式和内容分开,可以离开具体事物进行逻辑推理,在学习几何时,运用抽象的概念、定义和公理、定理来证明具体图形的性质是对逻辑推理的训练。直线形这部分内容尤其是三角形全等的有关内容,是培养学生思维能力的良好素材。

研究例题的引申与应用,可逐步扩大学生的思维空间。运用一题多变的方法可培养学生思维的灵活性及应变能力。通过"变式"使一个问题与有关问题联系起来,从而使问题层层深入,思维不断深化,可以使学生真正辨清概念,理解题意,可以提高训练频率,节约教学时间。变式训练可以培养学生的创造思维能力,提高学生分析问题、解决问题的能力,同时也可以训练学生发散思维。变式训练可以增加大脑中思维的内在模式,促使知识广泛正迁移,有利于发展数学思维能力,提高思维的深刻性。

案例1和案例3的设计中都采用了"变式",案例1是改变图形不改变条件,而案例3是不改变图形而改变条件,但是目的都是相同的,希望通过变式将一类的问题进一步加以深化和巩固,通过"变"来体现"不变",帮助学生找到解决这一类问题的关键点所在。在实际解决问题的过程中,由"变"找出"同",但在这个"同"中又存在着"异",这个"同"体现在思想方法上,而这个"异"又体现在一定的细节上,对学生思维的严密性是一个很好的训练。教师在采用"变式"时要进行有效的把握,及时地发现问题,使"变式"训练的作用最大化。

案例2中的开放题其实也是某一种由条件的开放形成的"变式",这种"变式"需要学生自己增加条件,使原命题成为一个真命题,这对学生知识的综合应用能力要求是比较高的,但对于学生的思维的培养也是有效的。当然,我们也需要思考的一点就是:在新授课阶段,是否需要提出这样的思维要求还是要根据的学生的实际情况来加以设计的。

4 把握教学进度和学生实际学习情况

初中几何的教学进度必须依学生接受能力而定。发掘例题背后的功能,应该把握学生的认识规律和接受程度,跨度不能太大。

从本课的要求来看,对于学生几何学习的综合能力要求是比较低的,从教学目标来看,主要有以下三点:学习和掌握全等三角形判定方法1(S.A.S);初步学会全等三角形判定方法1(S.A.S)的基本运用,体验说理过程;通过根据适当的三个条件画三角形和根据适当的三个条件判定两个三角形全等,体会这两者之间的内在联系以及对两个三角形全等的判定方法进行研究的基本思路。

由于学生刚刚从实验几何的学习阶段进入论证几何阶段,因而如何进行思维形式上的调整是教学上应该重点强调的。同时,学习论证几何的规范用语和表达也是本课的重点,而其中的表达包含了学生的书写。因此,在此阶段的学习进度把握上不应太快,要求也不宜太高,尤其在第一课时,除了讲授一个全等三角形的判定方法以外,在学习方法上对后面学习的引领作用还是要在教学的设计中体现出来的。因此,在教学中教师要注意学生学习的主动性,加强方法引导,根据学生的认知规律,激发学生思维,引导学生思维;教会学生思维;点燃起学生思维的火花,体验数学研究问题的全过程。

5 重视教学设计在实践中的有效实施

思维的预计性是思维特点之一。进行几何证明时,思维的主体在复杂活动前,常常要先有打算,考虑方案、计划。几何图形是研究几何命题和其他数学问题的直观工具,它可起到降低学生思维难度的作用。因此,在几何教学中,教师要充分利用图形的直观性来帮助学生克服抽象思维上的困难。

同时,要使学生能用数学语言准确地表达自己的思维活动过程。这就要求学生口述准确,书写条理清晰、详略得当,表达清楚,符合规格。因此,教师在教学中要十分重视对学生的数学语言训练和逻辑规范化的表达能力的培养。在教学中教师应关注学生对基础知识的理解和运用,以及对逻辑推理方法的实践和体会。教师要引导和促进学生提高逻辑思维能力,关注学生对图形性质的理解,对说理过程中内在逻辑关系的体会;重视文字语言、符号语言、图形语言的相互转译;关注学生对逻辑推理叙述方式的感知。

对全等三角形判定方法1的说理,教师要讲清楚这两个三角形的顶点分别对应重合的操作依据,而不是简单地看出来。学生已经学过"线段相等""角相等""全等三角形"的概念,其中在六年级所学的"线段相等""角相等",是利用"叠合"加以描述的,它们也是进一步运用"叠合法"的重要概念和基础,需要适当回顾与复习。"边角边"和"角边角"的判定方法,用叠合法说理是可行的,在现阶段的学习中也是相宜的。

第四节 "单元"视角下的数学活动

初中数学最能体现出中观教学设计理念的主题单元模块中的研究性学习专题,要是在这个专题中的实施效果比较好的话,说明主题单元的设计是有意义的,也就是有效地改变了教师以课时为单元的设计,而转变到以主题单元设计先导的中观教学设计上。因此,我们尝试从"研究性学习专题"的教学实践入手,开展"研究性学习专题"的教学实践与反思,来反思主题单元设计,包括如何设计主题单元、如何划分专题、如何在设计基础上进行教学实践是有效的,等等。

案例一:用数学的眼光"玩足球"

如何来处理和设计探究活动是建立在单元设计的基础上的,探究活动在单元中的地位和作用决定了活动的主题、活动目标、活动形式以及重点。探究活动的设计需要建立在学生已有知识、技能的基础上,侧重在应用活动的设计与开展。

我们的数学教材的每个章节后面都有一个探究活动或阅读材料,我们的教学者在平时的教学中对这部分内容的使用并不是很充分或者因为感觉与常规的教学内容并不是很密切而直接忽略了。在六年级第二学期的探究活动是《边数、顶点数及面数之间的数量关系》(欧拉定理的探究)。对于这样的探究活动,可能更多的是停留在"看"(看教材、看课件、看资料)上,而六年级的学生对于立体图形更全面更直观的感受是缺乏的,因此教师也需要给学生一个兼顾"看"与"摸"的探究过程,就是需要一些实际可以看到、触摸到的实物模型。

六年级第二学期的教材内容中,关于线段与角的教学内容中有一个基本的技能——使用画(作)图工具,具体要求分别是:画(作)一条线段等于已知线段;画(作)一个角等于已知角;画(作)出一条线段的中点;画(作)一个角的角平分线;画(作)一个圆。另外,还需要利用直尺度量或画线段的长度,用量角器度量或画角度。

数学学科当中会使用基本的工具,其中直尺、三角板、量角器、圆规虽然在小学阶段都有涉及,但是很多学生对于这些工具的区别以及基本的使用方法不是特别清楚或者不熟练,两手的协作不协调。因此,有必要设计一定的数学活动,设计活动的时候涉及多层的目标:第一级目标可以是学生模仿,使用圆规量角器;第二级目标需要学生自己设计一个方案,并且通过这些工具的应用来达到自己的目标。

为此,我们在区域研修活动中给出了这样的活动建议:

活动1 教师指导下的学生应用活动

给出参考方法,利用圆规按照圆内接正六边形的画法画出等边三角形,将画有等边三角形的圆剪下,20片组合,就可以形成一个正二十面体。

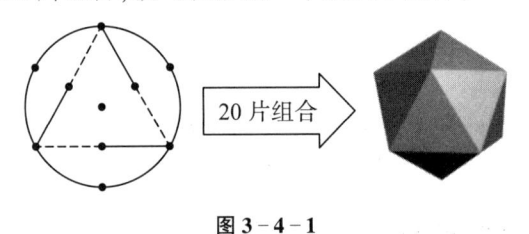

图 3-4-1

活动可以在教师指导下由学生自己在课后完成,通过合作来探究如何进行拼贴组合。我们可以尝试不使用"粘贴"的方法来进行组合,将图中直线部分剪开,纸片之间可以利用这个缺口互相插在一起,就可以组合起来,这个活动教师们也很有兴趣,一起来合作也是一个很好的方法。这个活动多次运用了圆规这个画图工具,进行了不枯燥的练习。当然,在画出圆的内接正六边形的时候,我们也可以使用量角器从中心角的角度进行绘制。

活动2 教师建议下的学生设计活动

(1)自己制作正十二面体。

正十二面体的制作与正二十面体相类似,只是问题中撤出了参考方法的台阶,因此,需要学生自己想办法来完成圆内接正五边形的绘制。在实践过程中,很多学生用到的是直尺加量角器的组合,也有学生通过查阅资料,只用圆规和直尺来完成。

(2)自己制作一个足球。

在六年级上的"2.9 分数运算的应用"一节中的例题 2 是一个关于足球的应用题,

那么我们能不能用纸来制作一个足球呢？课本中的例题已经解决了关于足球中正六边形和正五边形的数量问题。正五边形和正六边形的画法在前面的活动中已经有所涉及，只要注意关键点即正六边形和正五边形的边长必须是相等的，这样就解决了制作一个足球时正五边形和正六边形先绘制哪一个的问题，那么后面的任务可以由学生自己完成。

同学们在课后兴趣非常浓厚地做出了纸质足球的成品。

建平实验中学学生作品

图 3-4-2

活动 3 "欧拉定理"的探究与应用活动：研究 C_{60} 结构

通过之前的活动，学生不仅有书本上给出的图像，接触比较多的长方体、正方体，还有自己制作的正二十面体、正十二面体和"足球"模型，可以全方位地体验触摸、观察、操作、思考、归纳的探究过程。

在这样的数学活动实施的过程中，一些学生了解到化学中的 C_{60} 结构与足球之间具有"亲属关系"。世界之大，数学知识无处不在，只要我们细心观察生活，用心体会，就会发现，这个世界原来是如此美丽而和谐的统一！

这样的活动可能部分学生只达到了我们要求的第一级目标，就是对于画图工具的一个简单应用，而对于另一些学生，他们可以达到我们要求的第二级目标，就是设计一个方案，并利用工具来解决问题。同时，对于大多数学生来讲，由于有了我们可见的可触摸的实物模型,在我们对于其他的一些定理的探究过程当中,也起到了一个比较好的辅助作用。

以上活动可以根据学生的实际情况进行调整,尤其是活动2和活动3并没有严格的先后顺序。借助足球这一媒介,设计一系列的活动,针对不同的学生可以进行调整、改编与延伸,用数学的眼光玩转足球,其实也是用认真玩的心态来学习数学。

通过对教学内容的延拓和多种教学形式的辅助,让探究活动变得"多姿多彩"。不仅体现了以学生为主体、教师为主导的教育思想,更重要的是培养学生的自主学习、自主合作探究能力和组织表达能力,学会应用"数学的思想"方法去解决实际生活中复杂的数学问题。让学生明白不管解决什么数学问题,特别是一些复杂的数学问题,我们一定要建立起数学的思想。

将数学课本每个章节最后都有的相关探究活动或阅读材料等资源有效地利用起来,将数学学科育人的活动融合其中,从学生发展为本的角度出发,除了可以拓展数学知识,更多的是一种学习的经历与体验。同时,设计一些探究活动,制定分类的活动目标、延展活动的空间与时间,教师与学生一起完成一项活动是很有意义的。

在数学学习的过程中,数学的知识与技能可以应用在很多的活动中,关键在于教师能否设计出这样的活动并给予适当的指导。

案例二:分割等腰三角形探究型活动设计[①]

活动主题和目标

探究性学习是新课程倡导的一种学习方式,运用探究性学习方法能让学生从探究中主动获取知识、应用知识,解决问题。本项探究活动是在学生已经基本掌握等腰三角形的性质和判定定理之后的探索实践,再一次经历"操作实验—归纳猜想—说理证实"的数学研究过程,对探究其他几何图形性质乃至今后进一步学习数学具有重要的意义。

上教版七年级《数学》第十四章末有一个关于三角形的探究活动,探究怎样的

[①] 本案例作者为徐颖(上海市浦东教育发展研究院)、刘伟军(上海市陆行中学南校),曾被收录到华东师范大学开放教育学会组织开发的"中小学教师信息技术应用能力微认证项目"优秀案例。

等腰三角形能分成两个等腰三角形。我在实际教学中发现,求知欲旺盛的学生并不满足于此。因此,我设计了本次探究活动:分割等腰三角形。在活动中,通过探究、发现、猜想、论证的过程,掌握一个三角形能分割为两个等腰三角形的条件。在分割等腰三角形的活动中,体会知识的运用和数学思考的方法,提高探索精神和探究能力。

学生情况分析

通过本章的学习,学生对等腰三角形的性质以及判定方法有了一定的了解和认识,也积累了一定的几何分析和说理能力。同时七年级的学生好奇心强,对新知识的渴求和探究的欲望强烈,也愿意动手操作。此外,刚刚完成小学数学到初中数学转型的他们对于问题的思考往往重结果轻过程,并且分类讨论的意识薄弱,难以全面地考虑问题。

探究任务设计

在学习了三角形之后,教材中有一个探究活动,以给定的三角形为引例,尝试寻找将给定三角形分割成两个等腰三角形的方法,从而引出怎样的等腰三角形才能被一条直线分成两个等腰三角形的思考。在实际教学中我发现,虽然学生们在几何部分的学习还处于入门阶段,但强烈的兴趣和探究的热情使他们远不满足于现有的特殊三角形的探究。于是,我将本次探究活动的内容做了如下调整(见表3-4-1)。

活动整体设计

表3-4-1

	活动主题:分割等腰三角形
活动目标	通过探究、发现、猜想、论证的过程,掌握一个三角形能分割为两个等腰三角形的条件。在分割等腰三角形的活动中,体会知识的运用和数学思考的方法,提高探索精神和探究能力

续表

		活动主题:分割等腰三角形
活动任务		探究三角形能分成两个等腰三角形的条件
活动类型		□新知建构活动　■问题探究活动　□项目实践活动
活动时空		□课内活动　　　□课外活动　　　■课内外兼顾
活动指导	活动方式	独立思考与小组合作相结合
	探究内容	1. 将以下三角形分成两个等腰三角形 (1)若△ABC中,∠A=100°,∠B=60°,能否画一条直线将△ABC分成两个等腰三角形? (2)若△ABC中,∠A=22.5°,∠B=67.5°,能否画一条直线将△ABC分成两个等腰三角形? 2. 请任意选择以下一项内容进行探究 (1)是否每个三角形都能分成两个等腰三角形?怎样的三角形能分成两个等腰三角形? (2)如果一个等腰三角形能被分割成两个等腰三角形,那么符合条件的等腰三角形有几种可能? 3. 小组交流合作探究 (1)分享你的探究结果,思考以上两项探究内容之间的区别与联系,并形成小组研究成果; (2)请你设计出尽可能多的方案,将一个等边三角形分成四个等腰三角形

期望达到的目标

表 3-4-2

项目	合格	良好	优秀
知识技能	能将一个三角形分割成两个三角形; 通过尝试、小组合作能将一个给定的三角形分成两个等腰三角形	能正确将一个给定的三角形分成两个等腰三角形	能正确探索一个三角形是否可以分割成两个等腰三角形的成立条件,并进行熟练分割
合作能力	能参与小组合作交流,从中获取部分经验	能在合作交流中分享自己的想法,吸取他人经验,积极推进小组活动的探究	能组织小组成员分工合作,提供建设性意见,引领探究方向,善于归纳总结

续表

项目	合格	良好	优秀
创新能力	能对课后思考活动中的至少一项进行尝试	能通过合作等方式完成探究"怎样的等腰三角可分割成两个等腰三角形"	能完成课后思考活动的所有探究,并通过查阅资料,形成一定的探究结论

学习资源

1. 上教版《数学》七年级下册第十四章探究活动二《分割等腰三角形》;
2. 几何画图工具;
3. 几何画图软件。

活动评价

操作活动评价指标

表3-4-3

探究内容	评价等级		
	合格	良好	优秀
1. 若△ABC中,∠A = 100°,∠B = 60°,能否画一条直线将△ABC分成两个等腰三角形? 2. 若△ABC中,∠A = 22.5°,∠B = 67.5°,能否画一条直线将△ABC分成两个等腰三角形?	能对其中一个三角形进行正确分割	能将两个三角形进行正确分割	能正确分割两个三角形,并找出所有分割方法
怎样的三角形能分成两个等腰三角形(见附件1)	能找出其中一种满足条件的三角形	能找出至少两种满足条件的三角形	能找出所有满足条件的三角形

续表

探究内容	评价等级		
	合格	良好	优秀
怎样的等腰三角形能分成两个等腰三角形(见附件2)	能找出一个等腰三角形	找出两个等腰三角形	能找出所有等腰三角形
将一个等边三角形分割成四个等腰三角形(见附件3)	能找到一种分割方式	能找到两种分割方式	能找出所有分割方式

活动学习评价

① 分组合作学习学生组内互评表

表 3-4-4

探究活动:分割等腰三角形				
被评者:		小组长:		
请在下列你认为符合被评同学相应表现的地方打"√"		合格	良好	优秀
参与态度	能积极参与小组合作学习			
	能努力完成小组分工的任务			
分享合作	善于倾听同伴的观点			
	能主动提出问题或想法			
	能与同伴一起探讨问题和解决方案			
	乐于与同伴分享研究结果			
交流表达	能清楚地表述自己的观点			
	能对同伴的观点进行判断、分析、质疑			

② 课堂活动合作交流组间互评表

表 3-4-5

探究活动:分割等腰三角形			
被评小组:	小组长:		
请在下列你认为符合被评小组相应表现的地方打"√"	合格	良好	优秀

续表

探究活动:分割等腰三角形					
合作表现	同伴间能充分合作,汇报时分工明确			
	能对同伴的研究给予积极评价			
展示效果	研究成果展示形式适当			
	能清晰、准确地表述汇报内容			
	辅助展示作品的制作生动有趣,能吸引人			
交流表达	能向同学提出值得思考的问题			
	能尝试对同学提出的疑问进行解答			

3 探究性学习评价表

表 3-4-6

探究课题:分割等腰三角形				
探究小组				
小组成员				
成果形式				
		小组自评	小组互评	教师评分
评价指标	研究方法	科学性(10分)		
		可行性(10分)		
	小组合作	协调性(10分)		
		全员性(10分)		
	小论文或其他研究成果形式	格式规范(10分)		
		阐述到位(10分)		
		行文流畅(10分)		
		步骤完整(10分)		
	作品交流	体现主题(10分)		
		美观整洁(10分)		
总分				

综合分:(自评分×30%+互评分×30%+教师评分×40%)=

附件1

操作:如何将一个三角形分割成两个等腰三角形？

分割办法:先分出一个等腰三角形,再验证另一个是否也为等腰三角形,其中最小角不能分。

探索:三角形可以分割成两个等腰三角形的条件。

(1)先让其中一个三角形成等腰三角形(不妨先让△ABD成等腰三角形),可以有以下三种情况：

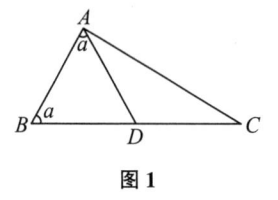

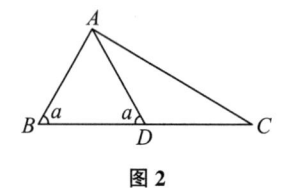

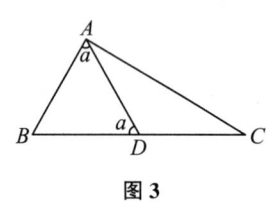

图1　　　　　　　　图2　　　　　　　　图3

(2)在△ABD为等腰三角形的同时,再让△ACD也为等腰三角形(以图1为例),可以有以下三种情况：

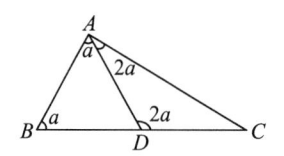

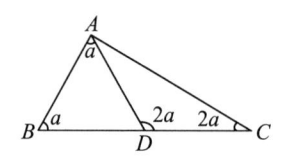

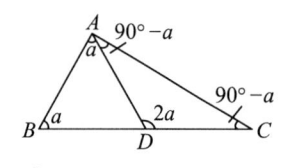

①CA=CD,∠BAC=3∠ABC　②AC=AD,∠ACB=2∠ABC　③DA=DC,∠BAC=90°
一个角是另一个角的3倍　　一个角是另一个角的2倍　　有一个角为直角

讨论:图2和图3的可能情况。

结论:一个三角形可以分割成两个等腰三角形的条件：

(1)原三角形是直角三角形；

(2)原三角形一个角是另一个角的3倍；

(3)原三角形一个角是另一个角的2倍(<u>两角中较小角小于45°</u>)。

具体操作：

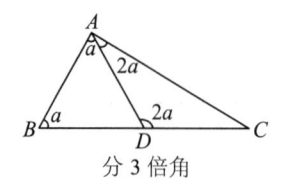

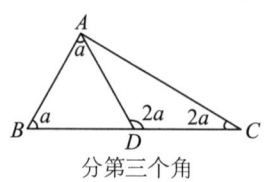

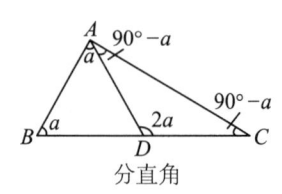

分3倍角　　　　　　分第三个角　　　　　　分直角

附件 2

操作:如何将一个等腰三角形分成两个等腰三角形?
分割办法:分割线必须经过等腰三角形的一个顶点;
等腰三角形的顶点有两种:
(1)顶角的顶点;(2)底角的顶点。

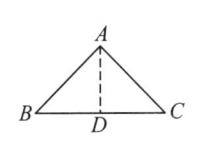

$DB=DA;DA=DC$
顶角为 90 度,
底角为 45 度。

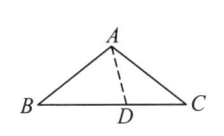

$BA=BD;DA=DC$
顶角为 108 度,
底角为 36 度。

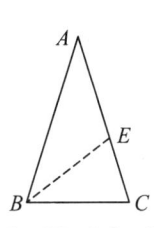

$EA=EB;BC=BE$
顶角为 36 度,
底角为 72 度。

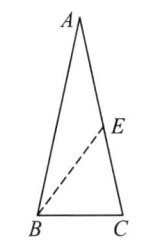

$EA=EB;CB=CE$
顶角为 $\frac{180}{7}$ 度,
底角为 $\frac{540}{7}$ 度。

附件 3

操作:将一个等边三角形分成四个等腰三角形。
分割办法:
1. 先分出一个等腰三角形,再把剩下的梯形分成三个等腰三角形(如图1、图2);
2. 先分成两个三角形,再分别分成两个等腰三角形(如图3、图4)。

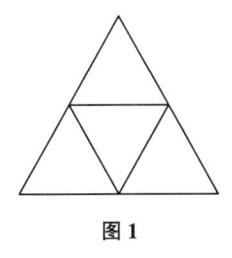

图1 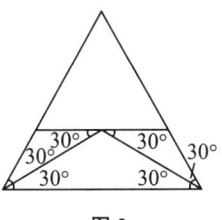　　图2 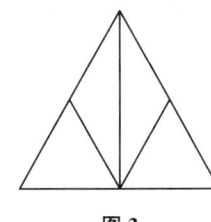　　图3 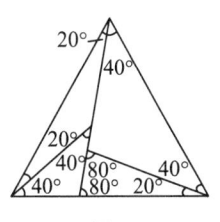　　图4

案例三:把"鸡兔同笼"从一个问题转化为解决一类问题的方法[①]

在小学、初中的一些实际应用问题中,有很多问题是从中国古代的一些经典问题中选取的,其中"鸡兔同笼"问题就是一个跨越小学、初中的问题,在小学的算术方法求解应用问题和初中的利用一次方程(组)求解应用问题中都会被引用,这个问题的数学育人价值是显而易见的。

从数学史的角度来看,"鸡兔同笼"问题源自中国古代重要的数学著作《孙子算经》,该书成书大约在四、五世纪,也就是大约1500年前,作者生平和编写年不详,传本的《孙子算经》共三卷,卷下第31题,可谓是后世"鸡兔同笼"题的始祖,后来传到日本,变成"鹤龟算"。书中还给出了本题的解决方法。

从数学教学的角度来看,"鸡兔同笼"问题的理解与解题方法需要的更多的是语言的沟通与交流,先要理解题意,然后需要进行分析,如果利用算术方法求解,还需要用语言表达整个解决问题的过程。这也就是在小学学习这个问题时会出现相当一部分学生没有办法完全理解的原因。

笔者在2019年11月前往新疆喀什地区支教,给当地七年级学生上了一节课,当地使用的《数学》教材是人教版,学生绝大多数是维吾尔族,当时正在学习一元一次方程,已经完成了如何求解一元一次方程的基本方法。因此,设计了"鸡兔同笼"问题进行"实际问题与一元一次方程"的教学。

以下结合课堂教学的实践来谈一下《一元一次方程的应用——有趣的中国古代数学问题》这节课的设计。

加强语言交流,巩固问题理解

在设计引例问题时,最开始想使用更接近《孙子算经》中的描述:"今有雉兔同笼,上有三十五头,下有九十四足,问雉兔各几何?"通过与语文老师的沟通与交流,"雉"这个字无论从读音还是词义上与"鸡"还是有差异的,而大家可能更认同的是"鸡",所以还是将引例问题描述为:"今有鸡兔同笼,上有三十五头,下有九十四足,问鸡兔各几何?"

[①] 原文发表于《上海中学数学》(7-8/2020 总第 322-323 期),有删改。

接下来,请所有的学生一起将本题逐句翻译成现代语言:有若干只鸡和兔同在一个笼子里,从上面数,有 35 个头;从下面数,有 94 只脚。问笼中各有几只鸡、几只兔。

在本环节,我希望学生可以利用算术、方程的方法分别求解,简单比较,归纳用方程解决实际问题的步骤。因此,在学生进入独立解决问题时,我提出本环节的关键要求:

✓ 你能解决这个问题吗?

✓ 和你的同桌交流一下,你们的方法一样吗?

✓ 如果一样,请你们一起总结一下方法;如果不一样,请你们比较一下差别在哪里呢?

✓ 请一位同学来交流一下你的想法。

学生带着问题进入了自主解题和同桌交流,在巡视过程中发现基本上每个学生都能找到一个解决问题的"角度",但是在算术方法求解的过程中,部分学生出现了混淆,没有办法完全走到最后,有学生用方程的方法求解,由于学生只学习了一元一次方程,而本题中有两个未知量,因此个别学生也出现了"鸡兔"混淆的情况。鉴于以上情况,在学生交流方法的环节,重点放在了对于所列算式与方程的实际意义上。

在学生选用算术方法求解的交流环节,我请学生在分部列式的基础上说明含义,标注上单位,学生比较多地选用了"假设法",即假设全部是鸡或者全部是兔,将鸡和兔的脚统一数量后利用头之间的差异解决问题。

在学生选用方程方法求解的交流环节,我关注学生"设元、列方程、解方程"等关键步骤的同时,关注实际问题的检验,并且提示学生关注解方程过程中方程所具有的实际意义。

以上交流,是通过语言加板书的形式进行的,通过交流中的不断归纳与规范,虽然方法很多,但是学生还是比较好地进行了数学的表达。

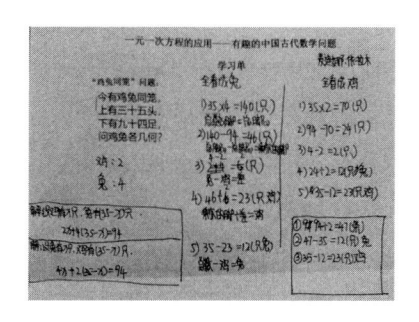

其实,《孙子算经》中也记载了本问题的求解,孙子的解法是"上置三十五头,下置九十四足。半其足得四十七。以少减多,再命之,上三除下四,上五除下七。下有一除上三,下有二除上五,即得"。翻译成算术方法就是:

兔数(94÷2)−35＝12(只);鸡数 35−12＝23(只)。

这个方法本质上是化归法。在课堂中,用"把手举起来"的指令请学生来体会,兔子"双手投降"、鸡"金鸡独立",自然就引到了这个方法。这个方法其实在解方程的过程中也能找到痕迹,如果在设两个元的情况下,就可以很直观地解释"加减消元法"。本节课在这里留下一个伏笔,为后续一次方程组的解法以及应用做好铺垫。

设计变式练习,掌握问题本质

由于引例使用的是原题的数据,因而小学时遇到过这个问题的学生可能在不经意间存在"背出答案反推解题过程"的情况。为此,我设计了一系列的变式与拓展,由学生编题,填空并解决问题,帮助学生掌握问题的本质:

变式一:

今有鸡兔同笼,上有_____头,下有_____足,问鸡兔各几何?

变式二:

今有_____同笼,上有_____(头),下有_____(足),问_____各几何?

在课堂教学中,学生针对变式一一共给出了六组数据:

鸡兔同笼		第一组	第二组	第三组	第四组	第五组	第六组
	共有头	24	40	45	48	26	37
	共有脚	60	112	114	108	45	96

很显然,第五组数据一定是错误的,学生在出题时并没有发现,通过求解,发现出现了"半只鸡"的情况,学生马上意识到自己题目出错了,并总结出,出题、解题都需要检验,然后把第五组进行了改编,将 45 改为 60,顺利完成。

在变式一这六组数据的求解过程中,也出现了求解错误的情况,学生们不断地由结果反推结论(脚的总数)来检验是否解方程,从而得出正确的答案。

变式二,适当开放,重点在于将鸡兔两种动物进行替换,为后面的拓展做准备。学生在这个变式编题环节还是很活跃的,出现了很多的小动物。

这一环节的教学,完全进入了"课堂生成",学生出题是在课堂当堂完成的。学生自己出题,不仅需要学生会解题,还要对题目本身有更深刻的理解。在反思出题的过程中,有学生就能够根据"鸡和兔子的腿的条数都是偶数,相加后的总数一定也是偶数"很快速地做出判断,也有学生在自己的学习单上直接标注了出错题的原因。这样的变式促进了学生对于问题本质的理解,此时的"鸡兔同笼"问题从一道题变成了一类题。

总结提炼方法,提升数学思维

在变式二的铺垫下,学生的思维已经被打开,关注的动物从鸡、兔到乌龟、天鹅、猪、牛、狗,再到蝴蝶、蜻蜓、蜘蛛等等,同时也关注到了动物具有的特征,比如:蜻蜓有6条腿,蜘蛛有8条腿,蜻蜓有2对翅膀,等等。

拓展 蜘蛛有8条腿,蜻蜓有6条腿和2对翅膀,蝉有6条腿和1对翅膀.现在这3种小虫共18只,有118条腿和20对翅膀.问:各种小虫各有几只?

在本问题中,出现了3种小虫,经过变式二中的编题,学生对于看待动物的腿和翅膀已经有了分类的意识。研究本题发现,这3种小虫的翅膀分没有翅膀、1对翅膀和2对翅膀三种情况,显然从20对翅膀的总数里找不到没有翅膀的蜘蛛数量。而腿只有两种情况:8条腿和6条腿。其中,只有蜘蛛是8条腿的。综合起来,我们可以通过3种小虫的总数和腿的总数,分别求出8条腿的蜘蛛的数量和都有6条腿的蜻蜓、蝉的总数量,再由蜻蜓、蝉的翅膀总数量分别求出蜻蜓、蝉的数量。

具体解法如下:

解:

设8条腿的蜘蛛有 x 只,那么6条腿的蜻蜓和蝉共有 $(18-x)$ 只. $8x+6\times(18-x)=118.$ $8x+108-6x=118.$ $2x=10.$ $x=5.$ 所以,$18-x=13.$ 所以,8条腿的蜘蛛有5只,那么6条腿的蜻蜓和蝉共有13只.	设2对翅膀的蜻蜓有 y 只,那么1对翅膀的蝉有 $(13-y)$ 只. $2y+(13-y)=20.$ $2y+13-y=20.$ $y=7.$ 所以,$13-y=6.$ 所以,2对翅膀的蜻蜓有7只,那么1对翅膀的蝉有6只.

答:蜘蛛有 5 只,蜻蜓有 7 只,蝉有 6 只.

在实际的教学中,板书的呈现也是将两个设元、列方程、解方程过程"并列",这样可以通过与之前"鸡兔同笼"问题的方程解法比较,学生很容易地判断出本题是使用了两次的"鸡兔同笼"。此时,"鸡兔同笼"已经不是一类题,而是一个解决问题的方法。如果寻找到主要的同类数量关系,分别进行设元和列方程,那么可以解决一系列的问题。

在这一环节,由于之前的课堂语言交流比较充分,话语系统的一致性比较高,因此教师对于学生思维的提示以及学生之间的互相启发能够很快速地引起思考,快速找到解决问题的方法。

同源问题引入,方程解法应用

在本节课的作业设计中,我们选用了同样来自《孙子算经》的两道题:

1. 巍巍古寺在山林,不知寺内几多僧。三百六十四只碗,看看用尽不差争。三人共食一碗饭,四人共吃一碗羹。请问先生明算者,算来寺内几多僧。

2. 今有妇人河上荡杯。津吏问曰:"杯何以多?"妇人曰:"有客。"津吏曰:"客几何?"妇人曰:"二人共饭,三人共羹,四人共肉,凡用杯六十五。"不知客几何?

同时,设计另一个拓展题,也作为回家作业:

3. 鸡、兔共有脚 100 只,如果将鸡换成兔子,兔子换成鸡,那么共有脚 92 只。问:鸡、兔各几只?

这样的作业设计主要有两个目的:一是回归到最早的引例问题,对与"鸡兔同笼"问题同源的一些问题有多了解,通过中国古代数学问题的再探究,贴近数学文化,增强文化认同感,并且会利用方程的方法解决,巩固解方程和列方程解应用问题的基本方法。二是通过进一步的拓展,学生形成继续优化解决问题方法的意识,为后续一次方程组的学习埋下伏笔。

说到数学史的应用,在数学应用问题的教学设计中采用的比较多的形式可能就是找一道"古算题",但是如果只是把"古算题"作为一个"题目资源",显然是低估了它本身所具有的价值。

这些"古算题"能够经历时间的洗礼流传至今,一定有它与众不同的意义和价值。

首先,它是"对话的资源"。在数学课堂中,师生其实都同时站在了古人的肩膀上对话,用一样的语言交流、思考,贴近古人甚至超越古人。只有深入地交流与思考,才能发现古人智慧的结晶所在,感受到这些算题的魅力与数学的发展。

其次,它是"提升的资源"。在数学教学中,需要的不是一道一道的数学题,而是一类一类解决数学问题的方法。仔细研究、揣摩,很多的"古算题"就蕴含着解决一类数学问题的方法,这需要师生在课堂中的不断解读、提炼。

总之,教师要智慧、理智、科学、严谨地用好这些具有价值的"古算题"。

第四章
多彩灵动变化的
数学课堂与杂谈

有的老师会说,教室没有变,学生一届届在变化。
有的老师说,数学没有变,教材在变化。
其实,教室也会变化,从线下到线上感觉只是一夕之间。
时间、空间都在变化、交错。
所以,教学也在变化。
…………

第一节　规范助力设计，技术赋能教学
——基于上海"空中课堂"初中数学学科的实践与反思[①]

2020年的2月初，上海市教委果断提出了"停课、不停教、不停学"的要求，并部署上海市教委教研室各学科筹备网课制作。本次网络教学是为了应对特殊时期的教学需要而展开的。对于"空中课堂"的网络资源建设，基本的要求是照课程标准，与教材同步，系统完整。所有的课都是由一整套教学资源组成，包括教学录像、配套的学习单、作业单等共享资源，以及教案、课件等教学录像用资源，其中的主体是6年级至9年级网上教学录像资源，以学科教学的基本课时为基本单位进行录制。

一、明确定位，顶层设计，精心策划

视频课录制工作与日常的课堂教学有着显著的不同，最直观的就是教学时间。与日常的课堂教学一课时教学40分钟相比，要求录制的视频课每课时为20~25分钟，时间上减少了将近一半。另外，视频授课的教师与学生之间隔着屏幕，"时空"是错开的，教师先授课录制，学生后看，教师基本上是一个人的"独角戏""自编自演""自说自话"。这对大部分教师来说是一种新的尝试：没有现场面对面的互动，只能自问自答；没有实时的生成资源，只能凭经验教学。同样，授课的对象是全体学生，学情分析也是一个难点。

为此，市教研员和中心组充分研究，做好前期规划，在研究教材的基础上合理地划分单元，并提供单元教学的主要内容和目标，对于不同的课型进行划分，明确不同课型的基本要求。同时，在每节课后教师要对学科德育、数学方法等加以提炼，要有充分的体现。具体来说：

划分与构建单元：以内容划分，分为三类："新授内容"单元、"总体复习"（基础复习）单元、"专题复习单元"。各个年级的新课部分是以"新授内容"单元为特点划分的。9年级的总复习内容分成两类单元："总体复习"（基础复习）单元主要参照《上海市初中数学教学基本要求》（2017年）的单元划分方式分成9个单元，"专题复习"以专题的形式呈现。6年级至8年级的所有单元都属于"新授内容"单元，且对个别章

[①] 原文发表于《上海课程教学研究》（2021年第01期 总第65期）第24—28页，有修改。

节进行了单元的重新规划。以 8 年级第二学期第十九章《几何证明》为例,书本上的一章共有新授课 24 节,数量偏多,不利于教师进行整体备课。由于这一章涉及几个主题内容,因此按照内容主题进行单元的重新规划,分成命题与证明、逆命题和逆定理、直角三角形三个主题单元,新授课的课时数分别为 9、6、9,比较适中,有利于整体性的把握。在此基础上,整合课本中的阅读材料进行 1 课时的专题课教学,整章三个主题单元的整合再加上两节单元复习课、两节单元讲评课,这样形成了主题鲜明、整合到位的 29 课时的教学规划。

划分与设计课型:针对教学内容与教学的形式,对不同的课型进行划分,分为四种基本"课型"并做出教学建议(如表 4-1-1 所示)。

表 4-1-1

课型	教学建议
新授课	主要以知识技能配以适当的知识发生过程为主,重点在讲解新概念、性质、方法等,应根据需要结合必要的探究过程讲解,并配必要的概念辨析问题等;完成概念讲授后,可讲课本例题
复习课	系统梳理知识体系(配合黑板板书知识结构图等),然后补充适当例题来体现单元内知识的结合,适当配以发展能力,提炼思想方法的问题和指导
专题课	主要内容可以是课本每一章后的拓展阅读和探究等活动,通过与学生一起阅读课本素材和补充的相关素材(ppt、学习单、推荐书目等),一起经历探究过程(重点在于过程与方法示范),来达到发展能力、体现育人价值的目的
讲评课	练习与讲评可以讲题为主,一般用于常规录像课的必要补充,如例题习题讲解,变式探究等。适当补充讲评课,可以用于作业题评析,也可以用于补充例题

同时,撰写了《关于初中数学在线教学备课与上课的问答手册》和《初中数学"在线教学资源课"教案、学习单、作业单设计说明》等多份材料,供录课团队学习参考,短时间内统一思想。

对于其中的学习单和作业单,我们统一了模板,划分了区域:主要内容、重点要点和反思总结,为学生线下听课如何记好学习笔记提供有力的参考。其中出现的书本和练习册原题都在标明出处的基础上呈现完整的题目,方便学生查阅。

二、行动跟进,实践生成,积累经验

在准备和录制视频课的过程中,我们注意体现三个结合:规范性与创造性相结合;统一性与多样性相结合;团体性与个体性相结合。教师在数学学科本质、数学基础课型、合理使用教材构建单元、学科德育体现等方面加强思考,明确相关的显性呈现形式。同时,我们注重落实不同课型的基本要求、重要数学思想的提炼。平时教师们都在上的课体现精细化,平时教师们不常上的课体现示范性。

(一)重组环节,形成结构

对于"空中课堂"20分钟的教学时间来说,要呈现出精讲,要在短时间内告诉学生学什么、为什么学和怎么学习,更关键的还要体现出数学知识之间、学习方法之间的逻辑关系,过程要完整,这就需要教师将已有的教学元素重新组合,形成一个新的结构,对于课堂的环节需要在结构上进行统整。同时,教师需要精选学习内容、精心准备"讲稿"、严格控制时间、关注语言表达、合理布置作业、调动学生学习等。授课教师在整个视频课的准备、录制和使用过程中逐步进行融合,这样的融合必将促进教学五环节的联系在实施过程中更加紧密,真正达到与教学的等距一致。

从"空中课堂"的四种课型来看,整体结构基本上是"引入—讲解—小结"。其中的各个不同环节体现出不同课型的不同特点:新授课精讲概念,关注知识发生的过程,重基础落实;复习课关注知识总结与方法指导,梳理知识体系,回顾方法要点;讲评课突出重点、突破难点并对单元中的重点作业进行适当讲评,重视诊断、加强变式、总结方法;拓展课重视探究主题的挖掘,突出活动的特征、拓宽视野、提炼方法。

(二)单元规划,体现联系

在前期单元规划的基础上,在课时设计与讲解时,教师需要针对单元的特征进行整体的规划,对于一些相近的知识内容、相同的学习方法需要在单元内进行统整。这样可以减少因授课教师与学生无法面对面所带来的传递信息缺失,通过相对一致的教学流程、方法和手段充分体现出数学学科的特点。

以函数的教学为例,八年级上学习的是函数的概念、正比例函数、反比例函数以及函数的表示法。在整个单元中,针对正比函数、反比例函数两个特殊的函数,我们基本上使用了比较一致的教学流程:从实际问题中归纳出概念;在学习函数的过程中通过操作、观察、思考、归纳出函数的图像及其特征,用待定系数法确定函数解析式;基本应用等,同时重点关注数形结合思想的体现。在整体的单元教学设计中,我们还需要关注到正比例函数、反比例函数之间知识的类比以及学习方法的迁移。同样地,这样的教学流程和方法还可以迁移到八年级下的一次函数、九年级上的二次函数教学中，形成单元整体结构与联系的同时，还形成了各个单元之间的联系，让学生充分感受、体验以"数"定"形"，以"形"识"数"，体会数形结合的数学思想。

图 4-1-1 是一次函数第一课时的教学流程，比较充分地体现出了函数教学的特点。

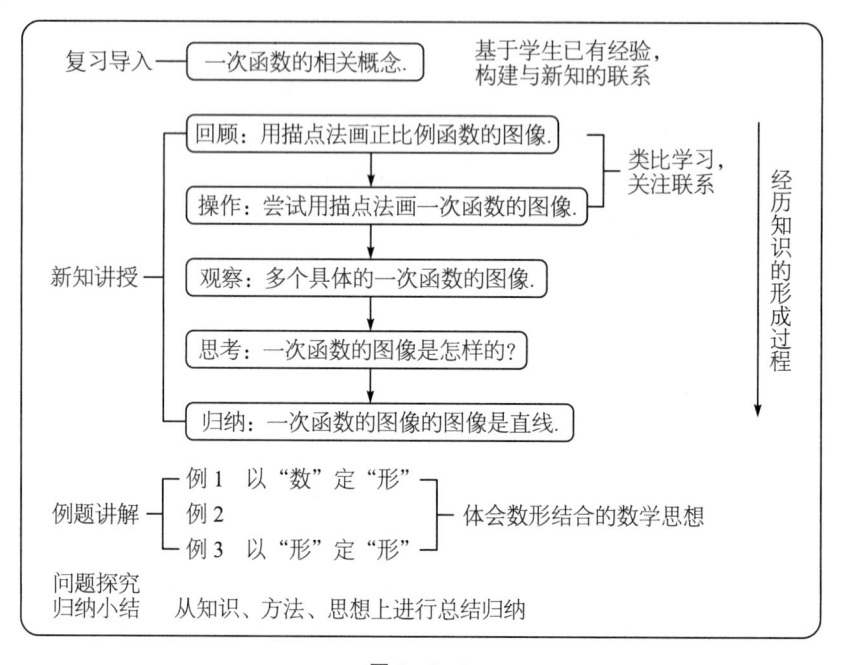

```
复习导入 ── 一次函数的相关概念.      基于学生已有经验，
                                 构建与新知的联系

           ┌─ 回顾：用描点法画正比例函数的图像.  ┐
           │                                  │ 类比学习，
           ├─ 操作：尝试用描点法画一次函数的   │ 关注联系    经历知识的形成过程
           │        图像.                     │
新知讲授 ──┤
           ├─ 观察：多个具体的一次函数的图像.
           │
           ├─ 思考：一次函数的图像是怎样的？
           │
           └─ 归纳：一次函数的图像的图像是直线.

           ┌─ 例1  以"数"定"形"  ┐
例题讲解 ──┤  例2                 ├ 体会数形结合的数学思想
           └─ 例3  以"形"定"形"  ┘

问题探究
归纳小结    从知识、方法、思想上进行总结归纳
```

图 4-1-1

其中，对于操作环节，在列表、描点、连线的过程中，由于缺乏和学生的现场互动，造成了原先可以通过收集学生的练习进行比对、纠错的方式来寻找的规律，现在通过技术手段的辅助呈现出"取点"由少到多的过程，让隔着屏幕的学生体会到这些符合条件的点集中在某个具有特征的图像上。这样的方法在正比例函数、反比例函数以及一次函数的教学过程中都比较一致地呈现出来。

（三）回归教材，详解细读

视频课的录制，新授课的主要依据就是现行的教材，精读、细读教材，通过教师的讲解把"薄书读厚"，将教材所蕴含的主要意图与思想体现出来。

关注到书本每个章节的"章头语",对于整体的章节有着总领的作用,在线下教学中,有些教师会在章节一开始专门针对"章头语"进行章节起始课的教学,在线视频课收到了总课时的限制,将数学章起始课教学放在了所属单元的第一课时中,"基本套路"的套路是"读图""读字",授课教师针对配图和文字带领学生一起"阅读",主要的目标是让学生初步建立起对本章知识的整体把握,重视学习方法的引导,渗透基本的研究方法,激发学生的学习兴趣,同时对整个单元的学习过程加强逻辑连贯。例如,在一次函数单元的第一课时中,授课教师针对"章头语"进行了简短的介绍:本章的"章头语"出示了一个对实际生活中的沙漠化进行预测的例子,它是通过建立函数模型推算出来的。这样的推测,对人们正确决策有积极意义。在这里做出预测的函数模型,就是本章所要学习的一次函数。简洁明了的解读,既建立起了新的单元学习与前序学习之间的联系,又呈现出了本单元学习的重点内容。

教材中的例题与习题编写是具有一定的上位思考的,每个例习题都承担了多项功能。例题讲解不等于答案呈现,在运用新知解决问题的过程中,教师更应注重引导学生对解决问题的路径与方法进行比较、归纳和总结。例如,在"垂径定理"第一课时的教学设计与过程中,针对例题,充分挖掘其背后的功能,并在授课过程中重点体现。例题1是对垂径定理的直接运用;例题2通过构造直角三角形后利用垂径定理和勾股定理解决了有关线段长度的问题;例题3是一个以我国著名的石拱桥——赵州桥——为背景的实际问题,是垂径定理在解决实际问题中的运用。在性质定理的应用过程中,关注实际问题研究的数学建模过程,既体现了真实的数学问题情境、感受几何图形在生活中的广泛应用,又合理、简明、准确地运用三种数学语言,体现数学表达的准确性和严谨性,解决本题的过程也是数学建模活动的初步体现。其中,依托赵州石拱桥所具有的数学图形特征进行更进一步的数学学习。针对例题中的赵州石拱桥,我们关注实际问题的数学化过程,即:根据题意画出数学图形,将实际问题抽象为数学问题;然后,迁移所学的方法,将本问题化归为直角三角形中的计算,其中还渗透了对弓形相关概念的说明;最后,验证数据,形成结论。完成例题之后,教师适时补充相关资源。例如,赵州桥是中国桥梁建筑史上的瑰宝。它历史悠久,结构设计独特,是世界上现存最早的圆弧拱桥,其跨度大,扁平率低,是我国古代劳动人民的智慧结晶,也是桥梁建筑史上一个可贵的创造。课后,教师还可进一步组织学生查找赵州桥相关数据资料,不仅了解其历史和文化价值,还可以研究石拱桥的结构优势和施工特点,充分体现学科育人价值。

(四)问题引领,追根溯源

在视频课的教学过程中,教师通过提问等方式进行课堂互动以及师生间的面对面对话无法实现。鉴于初中数学的课堂教学过程多数是建立在问题的提出、问题的解决基础上的,这就需要教师在教学设计过程中重点考虑"问题链"的设计,通过问题引领教学,在一个个问题思考、分析与解决的过程中将教师与学生所处的时空从物理空间中进行转化,实现"隔空对话",也留给学生思考的空间。

在统计单元的单元复习课中,教师以一组6个问题梳理了这一章的内容,具体的问题如下:

问题1 什么是统计学?学习统计的意义是什么?

问题2 数据收集的方式有哪些?

问题3 数据整理一般采取什么方式?

问题4 数据处理的方式有哪些?

问题5 具体学习了哪些数据表示的方式和数据计算的方法?

问题6 本章中的最重要的统计思想是什么?

这些问题涵盖了单元学习的重点内容,教师通过系列问题的引导,给出学生复习的方向,整理知识结构和脉络。

在四边形单元的讲评课中,教师同样也是利用问题串联起整节课的教学,把教材中零零星星出现的操作活动和习题,以单元复习课的思路经过重新构建,重新呈现:

问题1:

(1)如果沿对边中点的连线将矩形纸片剪开,得到的两张纸条都是矩形吗?

(2)将这两张纸条随意交叉放在一起,如果重合部分构成的是个四边形,你能判断这个四边形是什么四边形吗?证明你的结论.

问题2: 利用矩形纸片还有什么方法可以得到一个菱形?

问题3: 利用矩形纸片折出了45°的角. 你还能折出其他度数的角吗?

· 对折矩形纸片 $ABCD$,使 AD 与 BC 重合,得到折痕 MN,把矩形纸片打开;

· 再次折叠纸片,使点 A 落在 MN 上,记为点 A',使折痕经过点 B,得到折痕 BE,同时得到线段 $A'E$.

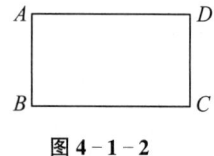

图 4-1-2

观察 $\angle ABE$、$\angle EBA'$ 和 $\angle A'BC$,这三个角有什么关系?你能证明吗?

问题 4：请同学们准备一张正方形纸片，按以下步骤进行操作.

第一步：先将正方形 ABCD 对折，使 BC 与 AD 重合，折痕为 EF；把这个正方形展平，然后继续对折，使 AB 与 DC 重合，折痕为 MN，再把这个正方形展平，设 EF 和 MN 相交于点 O；

第二步：沿直线 CG 折叠，使点 B 落在 EF 上，对应点为 B'；再沿直线 AH 折叠，使点 D 落在 EF 上，对应点为 D'；

第三步：设 CG、AH 分别与 MN 相交于点 P、Q，分别联结 B'P、PD'、D'Q、QB'.

请你探究：四边形 B'PD'Q 是正方形吗？并尝试说明理由.

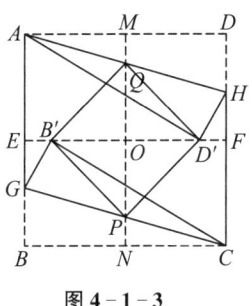

图 4-1-3

设计时我们着眼于单元设计的整体性，从单元的角度构建了复习的框架，以长方形纸片的翻折活动为主线贯穿整节课，梳理单元中的数学活动及例题和习题，进行再创造，引导学生再发现。学生学习活动的展开以教材内容为基础，经过教师的精心设计，以问题的探究不断把学生的思维引向深入，在翻折操作的实践活动中，在问题思考的探究活动中，复习并梳理了平行四边形和特殊的平行四边形这个单元的知识点以及相互之间的联系。在建构单元知识结构的同时，我们要重视逻辑推理、几何直观、图形分析等数学素养的落实。

没有师生的直面互动，课堂生成也就必须靠预设来完成，在问题设计与分析的过程中准确的"卡点"尤其重要，把一些学生容易忽略的关键点找出来，用规范化的语言进行分析、讲解，流程制定清楚，经得起"回看"。

（五）结构整理，形成体系

整体的单元设计中，"起始课"和"复习课"是两大难点，也是重点。复习课是几种课型里最难上的课，教师在设计的时候需要综合考虑多方面的因素：哪些是学生应该会但是还没会的，哪些是学生自以为自己会了实际有偏差的，哪些是学生以为自己掌握了的结论但是实际忽略了过程的，还有哪些需要重点突出的地方以及选用或设计怎样的资源等等，尤其是复习课不是简单的知识整理、方法罗列，而是一种学习的指引和对单元整体的再认识以及对后续学习的储备。

以一次函数的单元复习课为例，重点是：理清基本概念与性质，厘清一些关系，理顺研究问题的思路，呈现复习归纳与整理的基本方法。关键词是知识结构、研究方法、相互关联以及数形结合、待定系数法。在教学的过程中，以上教学重点和关键词都是在问题解决的过程中慢慢"长"出来的。教学中引导学生完整经历感知、分析、概括、表述 4 个阶段,帮助学生不仅能理解掌握数学概念,数学知识与方法之间的联系,而且还能感悟到隐含在这个数学概念之中的数学思想和方法。

再如有关四边形的复习课,专题复习课和单元讲评课从两个不同的逻辑角度进行设计,专题复习课侧重知识框架的构建,单元讲评课侧重知识、方法的提取。

三、应用反馈,反思改进,拓展研究

疫情期间"空中课堂"对在线教学起到了很大的作用,给很多刚刚接触在线教学的教师们提供了很好的资源,形成了"空中课堂+在线互动"的"双师课堂"模式,即在一堂课的教学过程中,前半段统一收看"空中课堂",后半段由任课教师组织学生进行在线的互动。从我们连续的在线听课情况来看,形式比较多样,有"空中课堂+在线直播""空中课堂+在线讲评"以及"空中课堂+……"等形式,这个"……"中包括了各种的形式,学生做作业、整理笔记、看书等都有。

"空中课堂"完成了从无到有的突破,在从有到优的过程中需要对"空中课堂"这项资源做出分析。从学生回归课堂后的统计数据来看,近三分之一的教师表示还会继续使用"空中课堂"的资源,使用方式有很多,归结下来有这么几点:学生学习的视频资源、学习巩固的作业资源、教师培训的案例资源、教研活动的话题资源。

作为学生学习的视频资源,实现录制好的"空中课堂"视频资源具有可以重复、暂停、抽取重点环节收看的优势,对于学生的自主学习有很大的作用。学生可以在需要的时候随时地进行回看,尤其是针对某个环节、某道题存在疑虑的情况下,向"空中课堂"请求帮助是一个很好的方式。

从学习巩固的作业资源角度,在线期间,对于"空中课堂"提供的学习单、作用单等辅助资源,很多教师都推荐给学生使用。学生在这两单的基础上慢慢开始习惯记笔记,并学习记笔记,从抄写开始逐步细化,最后自主进行。在"空中课堂"的教师们不断地引导归纳整理的基础上,学生先从 PPT 上抄写笔记,再逐步地学会圈画并在边款中进行重难点记录,还有些学生开始用思维导图自己整理笔记。

"空中课堂"式的"云"学习促进了自主学习成为学生学习的主要方式,提供给学生们自主学习的"支架"是在线教学整体规划的重要内容。做好"支架"的构建与使用指导,促进自主学习走向深度学习是对教师的挑战。在线教学不仅改变了学生的学习方式,还改变了教师的教学方式,"空中课堂"的教学从线下到线上进行了探索与实践,"双师教学"需要探索的是从线上再到线下,使已有的资源得到合理使用。从在线教学实施的一些情况来看,让学生自己整理笔记、整理知识结构,进行评比,有的教师让学生轮流讲解基础题分享,有的教师把关键要点做成小视频提供"点播",切合实际的生成性资源,改进交流方式,真正让学生进入学习的状态中。教师的作用不仅是授课教师,更是活动的策划师。

"空中课堂"的教学源于一线、服务于一线,教师逐渐发现了信息化教学的优势:通过反复回看,强化了学生对教学内容的理解和掌握;通过优质资源的共享,促进了教育的公平发展。很多教师也享受着与教材同步的视频资源,学习专业团队倾力打造的教学思路、教学设计、课堂语言和课件呈现方式,目标是改进自己的教学。有些教研组、备课组以"空中课堂"的教学视频为参照开展主题研讨,从视频课中观察获取信息;有些教师自主地进行与"空中课堂"的"同课异构",寻找教学中的共同点,加入符合学生特征的个性化内容,在备课组内研讨、改进。随着人工智能时代的到来,教师更应乘势而上,主动适应并拥抱以信息技术为基础的教学新形态。

第二节 在线教学,促进真正以学为中心的教与学的五环节生成

2020年,一场突如其来的疫情引发了在线教学全面"上线",带来学生学习方式的变革。与之相对应的是,教师的教学方式与区域教研的教研方式也必须有所变化。3月起,在线教学全面在上海的中小学开展,多数学校实施的在线教学是基于全市统一的"空中课堂"视频课,有了现成的"上课"环节,教研、教学从线下走到线上,再走向"混合式",在不断的观察、实践与感悟中,思考着原有的教学五环节会产生变化吗?学生学习方式的转变必定也是导致了环节的重构,在线教学促进了真正以学为中心的教学与学的环节生成。

一、在线教学给教学带来的新挑战

(一)在线教学情况简述

在线教学的必须实行与推进,给教学、教研来了新的挑战。"空中课堂"开课之

前,教师们从未尝试过在线学习和指导,教研需要做出整体的规划与设计:提前思考、学习材料、收集困惑、制订方案、提供素材,给出在线学习的一些指导意见。尽管前期已经做了一些调研和运转,但是效果如何,心有忐忑。带着前期搜集到的问题,及时分散到学校的不同班级"蹲点"工作,陪同观课、细看直播,观察后提出思考点。在学校的互动课堂中,我们除了关注学科教学情况以外,还关注学生、家长与学科教师和班主任的互动情况,全面关注各班级群的情况。在线教育对于学校、教师、学生、家长都是一次考验,在将近两个月的在线教育期间,暴露出了一些问题,也看到了不少值得总结的经验。根据对个别学科教师、校长的访谈,结合在线教学听课"蹲班日记"记录情况,我们对于在线教育的基本情况从以下几个方面进行简述。

1 在线教育是否在线?

这里在线教育的"在线"类似于线下教育的学生"出勤率",从几周的"蹲班"情况看,极少有班级直播或者在线课堂时"全员在线"的情况,而且多数观察到的班级情况是在"空中课堂"之外的互动、答疑课堂中,"空中课堂"的学生"在线"情况无法获知;从"晓黑板"的一周数据统计中的"当日直播观看人数"看,相比较其他的统计数据,这项数据变化比较大,而且从课堂"蹲点"观察的情况看,学生"挂线"(显示在线,但是全程无反应)以及时不时"掉线"的情况也时有发生,说明学生的在线教育"在线"情况相对于线下教育的"出勤率"略差一些。

2 在线教育是否在教?

多数学校选用了"空中课堂"在线的"双师模式"进行教学,从"蹲班"情况看,多数教师都体现出了较强的敬业精神,多数采用的流程是提前观课,准备资料,调整自己的备课,并在"空中课堂"播出后的环节中进行直播、互动或者答疑。即使是一样的流程,也呈现出了一定的差异。

直播课堂的规模、教师的教学方式等的差异,对于在线教育的教还是会产生比较大的影响的。

"空中课堂"的播出时间统一,对于部分学校、部分学科的自然班级产生了一定的冲击。有些学科不得不采用的是年级集体授课的形式,教师少、学生多,在线课堂的管理就产生了很大的难度;"空中课堂"的统一授课以课标为依据、以保底为目标,对于不同学生的需求很难全部满足,这对教师的后续教学带来了一定的难度,而除去"空中课堂"以外的时间有限,教师的教学方式影响就更大了。

实际上,教师的在线情况相对比较稳定,但是实际"教"的情况差异明显,在线的

"教"对于教师的信息素养、语言组织、口头表达、交流管理能力等提出了更高的要求，传统课堂中的一些优势在在线教学中无法充分地发挥，还有一部分教师的理解以及行为跟进上还有待提高。

3 在线教育是否在学？

学生的在线学习情况是最难检测的，因为"空中课堂"是学生自己看、在线互动是学生自己参与、作业是学生自己做。如果对于一个学习习惯良好的学生来说，在线学习的整个节奏可以完全由自己进行控制，在线学习中"自觉"的成分非常大。对于学生学习情况的监控，目前来看仅仅是靠一些作业的反馈情况，除去不交作业以及提交的作业的真实性，受到在线教育对于作业量的要求的限制，一些之前靠"量"进行巩固的学习内容必定受到比较大的影响。另外，在线教育缺少了一定的过程性教学互动，也缺少了更多的语言之外的交流，这就对思维性的提高以及一些基本的学科语言的交流、巩固产生了影响，这点在理科、英语学科上会显得特别明显。

从观察以及部分教师访谈交流的情况看，学生的学习习惯、学习态度、性格特质、性别差异等确实存在一定的差异。学习习惯与学习态度是毋庸置疑地会对学习结果产生影响的重要因素，好的习惯、好的态度加上自觉的自我管理，这样的学生多数呈现出"学有余力"的状态，而对于有些平时性格内向、学习有点"慢"的学生来说，也会从在线教育的"在线交流"和"回看模式"中受益。相对麻烦的是那些自我约束能力差、比较容易受到外界干扰、对于某些事物"易上瘾"的学生，在线学习可以钻的空子太多，有的完全放松学习要求，甚至是完全放空，从线上失踪。

4 在线教育是否在管？

这里的"管"，既指学校对于在线教育的班级、教师、学生的制度保障以及实时管理，也指家长对于学生在线学习的监督与监管。

从学校层面来看，所有学校都制定了在线教学的方案，推荐了在线教学的平台。在实际的教学过程中，部分学校对于在线的班级管理相对比较弱一些，主要体现在一部分学科的在线教学由班级改为年级，而管理的还依然只有任课教师一人，有些人数众多的年级确实很难管理，同时也有部分学校对于教师在在线教学中的一些基本规范要求没有完全地跟进，提前进行备课、控制在线教学时间等还需要有跟进的措施。

对于家长的监督与监管，在线教育把家长与家庭教育放到了非常重要的位置，从"晓黑板"的一周统计数据看，"当日活跃用户"中家长的数量基本上是教师的 1.6 倍，可以说明在线的家长确实不少，但是其中有多少是在管呢？管的又有没有用呢？这个从部分学生的学习情况中可以有一些反馈。根据部分教师反映的情况看,有一部分家长对于学生的学习监管不力的情况还是存在的。

在线教育期间,学生一直处于居家状态,家庭背景、家庭教育对于在线教育的成效影响非常大。有些家庭本身就是"放养"式的,平时基本上不管,按照以往,这些学生有些是靠学校教师的"盯、关、跟"维持着在学状态,现在教师们"鞭长莫及",家长又完全没有进入状态,这就很难办了。有些家长是想管,管不了也管不好,被孩子的一些"假"学习状态所迷惑。

总体来说,在线教育背景下多数学生维持正常水平,个别学生产生比较大的变化,变化情况多样;学生学习情况两极分化现象加剧,学生所处位置不会产生太大的波动。

在线教育对学生学习的影响因素较多,教学跟进需要做出合理的预判,采用适当的干预手段,而区域层面整体的调控以及教研的适时、适度指导也会起到一定的作用。

(二)应对新挑战的举措

新的挑战突如其来,需要及时地做出调整,做好顶层设计。

在线教学的初期,人们并不知道时间会持续多久,依据市教研室计划的完整一个学期的"空中课堂"资源,从区域层面也需要有整体的规划,包括资源、团队以及与实施阶段相关的建议与要求,这三者之间也是互相依存的。

1 学科团队建设

从学科学段的角度,初中数学有学科带头人、骨干教师团队,年级有中心组团队,还有青年教师的团队,依据在线教学设想的基本要求,在原先的各个团队的基础上临时组建"抗疫"期间的中心组和保障组,形成以教研员为核心的学科团队(如图4-2-1所示)。

图4-2-1

2 共享资源建设

在线教学需要大量的资源支撑，包括学科资源以及一些信息技术的资源。这两项资源在团队建设的时候就分别建立了中心组和保障组，依据教师的特长进行了一些分工，针对"小视频""寒假专题复习""初二下分层作业"等资源进行归纳整理与制作，这些都属于提前设计的资源。

同时，在不断的实施过程中，有很多生成性的资源，以骨干教师团队为核心，及时地进行案例的交流，总结提炼一些好的做法及时进行推广，着力推进学生作业形式的拓展以及相关资料的收集，从课堂笔记、数学小报、利用思维导图等形式整理知识结构等。另外，我们还开发制作了很多的微视频，有老师制作，有学生制作，真正让资源起到支撑的作用。

3 基本要求构建

规范化的"空中课堂"录制过程，规范化、标准化的视频课程，打破了学校的壁垒，让每一位学生都能享受到优质的教学资源。

从区域层面上来看，更多的老师进入的是以"空中课堂"为主的"双师课堂"模式，需要明确"属地"责任，弥补学生之间的差异性，做出个性化的安排和学习指导，耕好自己的"责任田"。

从对 2020 年 3 月任教初二数学课的教师调查中发现，不同学校的不同教师使用的平台有比较大的差异，各个不同平台的功能不同，相互之间的兼容性也比较差，因此针对各个不同的平台，需要利用教师团队的力量进行快速的体验，并且提出一些可行的建议以及实施的案例。

二、在线教学对教学五环节的重构

（一）对教学五环节的基本研究与认识

对于教学五环节作为教学的基本环节，在之前是基本达成共识的，这几个环节前后衔接互相联系，形成一个完整的教学活动系统。

在区域层面曾经进行过"国家课程体系实施的校本化实践"项目的研究，其中在子项目"制订教学五环节的学校实施细化方案"研究过程中，初中各个学科就把研究对象定位于学生的学习环节，针对学生的学习环节与教学环节的一致性进行研究，从

"主导"与"主体"两个方面同时入手,关注有效教学。

从教师教的角度来看,教学工作的基本环节包括备课、上课、作业布置和批改、学生辅导和学业评价,一般简单归纳为备课、上课、作业、辅导和评价。从学生学的角度来看,学习的基本环节包括预习、听课、复习、作业和考试,相当于教师的教学环节来说,学生应该有与之对应的能够产生互动效果的环节。

在项目研究中,按照不同学校、不同学科反映出来的情况,对于教学五环节在实践中的关系主要有以下几种。

1 单向线性关系(图4-2-2)

这样的关系可能是最容易理解的。按照一般的教学流程,这五个环节之间存在时间上的先后次序,造成在相当长的一段时间内,五环节也呈现出比较明显的"单向""线性"关系。

这种关系的建立,可以比较充分地涵盖教学的各个环节,对于教师在各个环节中主要任务的分解也是比较清晰的,也方便各类"规范"的制订以及相对应的检测。

但是在这种关系中,评价这个环节往往是比较弱化的环节,基本异化为测验或考试,而与之前各个环节之间的关联性就比较低,因此评价的增值功能没有得到充分的体现。

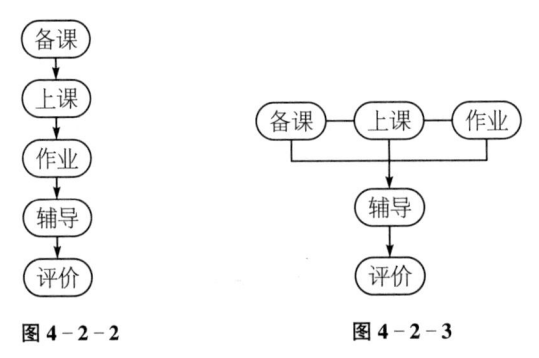

图4-2-2

图4-2-3

2 并联线性关系(图4-2-3)

在实践的过程中,有些学校、学科发现教师在作业环节上比较弱,作业与上课环节的相关性比较低,也有部分教师不会布置作业。因此,有些学校尝试将"备课""上课""作业"环节并联起来,使这三个环节保持一定的高相关一致性,由此就出现了"学生学习单""校本作业"等情况。

这样的好处是显而易见的:首先,缩短了环节,避免了流程过长而造成的偏移;其次,在上课环节的效率有所提高,作业环节的质量得到提升。

不足是,之前的评价环节存在的问题没有得到很好的改善,而且增加了备课环节的工作量。

3　反思线性关系(图4-2-4)

这种关系中,最大的改善是在评价环节呈现出了极强的"反思性",通过评价来改善之前各个环节中可能存在的问题。

这样的关系对于评价的功能得到了比较全面的体现,也将教学的五环节非单向地联结起来。

但是,在这种关系中,各个环节还是存在一定的固有顺序的,而且由评价反思的跨度比较大、路径比较长,可能在及时反馈与评价上存在一定的问题。

图4-2-4

4　环状互动关系(图4-2-5)

这种关系中,五个环节紧紧围绕在教学为中心的周围,形成一个圆。各个环节与教学之间的关系都很紧密,而各个环节之间的路径基本上是等距一致的。这样的"环状"结构,可能在现在能更好地诠释出教学五环节之间的关系。

没有时间、空间上的绝对顺序,从任何一个环节切入都能够达到教学的目标,"翻转课堂"的形式更接近"环状"结构。

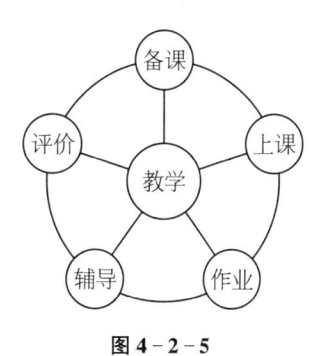

图4-2-5

(二)在线教学实施的基本情况与反思

从之前的研究来看,教学五环节的"环状"结构很少在实践中出现。在线教学、"双师课堂"的模式的出现,学生学习方式的改变,改变了课堂教学结构,也给研究课堂教学环节提供了很好的角度。

在线教学引发了一些学生学习上的变化,最大的变化就是学习环境。从学校的课堂内集体集中学习变为居家的个体性学习,这一变化带来的最大的影响是之前很多教师采用的小组讨论、合作学习等方式受到限制可能无法顺利地实施,这样的一个变化对于教学与学习的各个环节都会产生一定的影响。

从历时两个月的在线教学情况来看,在线教学课堂的基本形式主要有两种:依托"空中课堂"教学资源的"双师课堂"形式和以教师自主直播为主的"直播课堂"形式

（如图4-2-6所示）。多数的教师采用的是前一种，按照"双师课堂"教学形式的开设初衷，是希望采用"空中课堂+在线互动"的模式，即在一堂课的教学过程中，前半段统一收看"空中课堂"，后半段由任课教师组织学生进行在线的互动。从我们连续的在线听课情况来看，学生真正动起来的不多，这个"互动"中的"互"字体现得就更少。实际上，受到各种因素的限制，多数的"双师课堂"是"空中课堂+在线直播""空中课堂+在线讲评"以及"空中课堂+……"的形式，这里的"……"中包括了各种形式，如学生做作业、整理笔记、看书等都有。

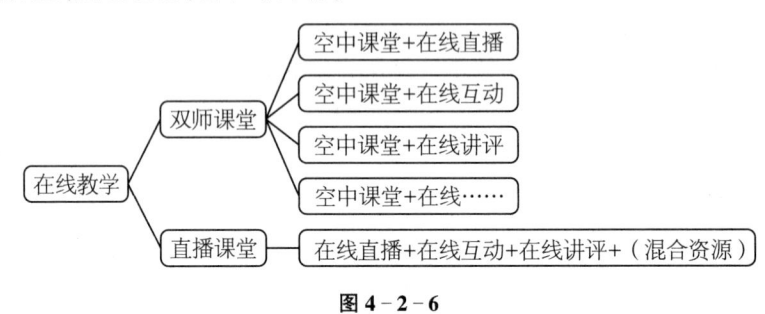

```
                      ┌─ 空中课堂+在线直播
                      │
            ┌─ 双师课堂 ─┼─ 空中课堂+在线互动
            │         │
            │         ├─ 空中课堂+在线讲评
在线教学 ─┤         │
            │         └─ 空中课堂+在线……
            │
            └─ 直播课堂 ─── 在线直播+在线互动+在线讲评+（混合资源）
```

图4-2-6

无论哪种形式，从教师的角度来看，在线教学"上课"这个环节在五个环节中都显得特别突出。加上作业收集与评价、反馈都在线进行，讲评作业也成为"上课"的一部分。学生和教师们产生了一种错觉，将"连线"与"上课"等同起来，从感觉上，"上课"已经游离了"教学五环节"，打破了整体的系统平衡，造成了教师与学生的困扰。

在原先的师生关系描述中，学生是主体，教师是主导。在线教学期间，学生依然是主体，而且这个主体的作用比原先要大很多，那原来起主导作用的教师去哪里了呢？被在线教师、任课教师以及家长等组成的一个团队一起替代，对于现在的任课教师来讲，有个新词描述，叫作主播，但是主播意味着对象就是"观众"，这与学生实际的"主体"地位完全不符合。因此，我们可能需要把教师从主播的位置上调整出来，正确地定位教师的角色——是助教，含编剧、导演、场记、群演、评审等多种角色定位。教学环节与学习环节也必将随之产生重构。

从在线教学实践的过程中，在线的及时互动受到了一定的限制，很多的互动借助了其他的媒介，晒笔记、秀作业、录视频，无论哪种媒介的选用都是基于学生学习的。而在线交流与互动，无论是借助什么样的媒介都会留下痕迹，哪怕是教师的答疑都可以进行录屏回看。对于教师与学生来说，一样都是受到了大量资源的冲击。教与学的资源内容扩容了,学生与教师的共享资源也增加了,最关键的就是在线的标准化课堂教学资源,而且这些资源出现在教师与学生面前的时间差也比之前大大缩短,这些变化必然引发教与学环节的重构。

(三)以学为中心的教与学的环节构建

在更广泛的共有资源背景下,"以学为中心"作为基础构建教与学的关键要素,可以简单地归类为准备、互动、反馈。这三者之间又是互相依赖、互相促进的关系(如图4-2-7所示)。这些要素基本上也是关键的学习环节,利用学习环节来反射教学环节并做出相对应的改进,最终的目标是使学生的能力得到真正的提高。

图 4-2-7

在这三个要素中,教师重点需要通过各种资源的有机整合,包括选择、编辑、制作等进行备课,采用各种形式进行教学与互动,针对学生的作业等反馈需要进行批改或评比,收集问题进行适当的评价。

我们可以反观一下教学五环节,前面已经提到教师在新的教学形式下的角色定位,其实不同的角色定位可以对应到各个不同的环节中。教学五环节中的各个环节都能找到合适的教师角色定位,根据不同的角色定位选择合适的方法,而学生改变的可能只是学习方式。因此,在教师与学生越来越多的资源共享背景下,基于资源的有效沟通与交流是各个环节的润滑剂和必要的手段。

三、混合教学与教研的感悟和反思

基于线上教学阶段积累下来的一些经验:精选学习内容、精心准备"讲稿"、严格控制时间、关注语言表达、合理布置作业、调动学生学习等。教师在教学基础工作中会逐步进行融合,这样的融合必将促进教学五环节在实施过程中联系得更加紧密,真正达到与教学的等距一致。

在之前的研究中我们就已经发现,四种教学五环节之间的关系基本上分为两大类;一类是线性的,主要从管理的角度来看;一类是环状的,主要从教学研究的角度来看。两者是合二为一的,有了线性的规范管理,才能有关于教与学的内核研究。随着"混合式学习方式"成为必然的发展趋势,规范化、精细化的管理是实施的重要保障,关注实施过程中的生成并及时地进行调整、改进与归纳是教研部门的重要职责。

第三节 混合式教研与教学的反思

"空中课堂"式的"云"学习促进了自主学习成为学生学习的主要学习方式,提供给学生们自主学习的"支架"是在线教学整体规划的重要内容。在线教学可能改变最大的就是环境与学校的因素。这对学生的学习方式、学习结果都会产生新的影响,我们需要站在学习者的角度思考问题、整体规划设计、拓展课堂的时空、促进在线互动交流。做好"支架"的构建与使用指导,促进自主学习走向深度学习是对教师的挑战。在线教学不仅改变了学生的学习方式,还改变了教师的教学方式。"空中课堂"的教学从线下到线上进行了探索与实践,"双师教学"需要探索的是从线上再到线下,合理使用已有的资源。教师的作用已经不仅仅是授课教师,更是活动的策划师。

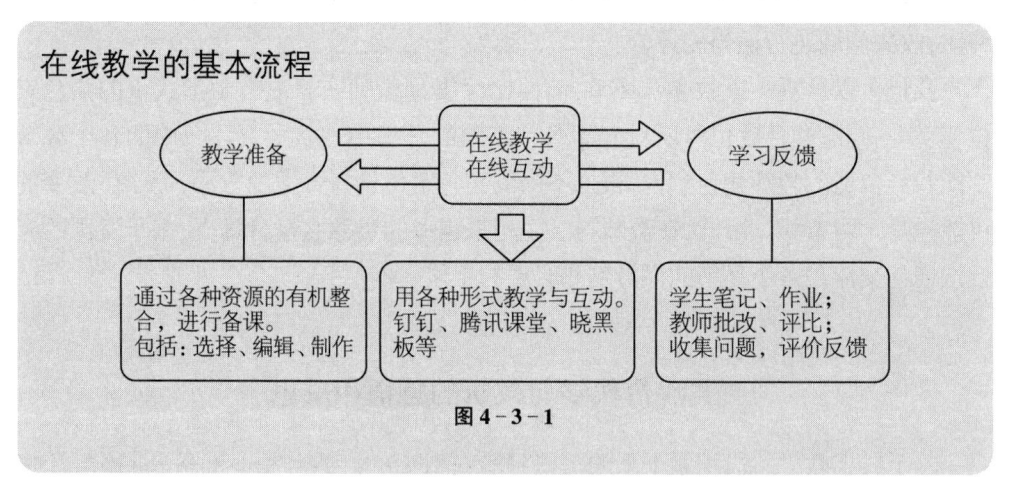

在线教学的基本流程

教学准备 ⇄ 在线教学 在线互动 → 学习反馈

- 通过各种资源的有机整合,进行备课。包括:选择、编辑、制作
- 用各种形式教学与互动。钉钉、腾讯课堂、晓黑板等
- 学生笔记、作业;教师批改、评比;收集问题,评价反馈

图4-3-1

"云"团队:浦东新区的初中数学5个学科团队的老师们一起,加强学习,着力推进学生作业形式的拓展以及相关资料的收集,从课堂笔记、数学小报、利用思维导图等形式整理知识结构等。另外,我们还开发制作了很多的微视频,有老师制作,有学生制作。课题组有三位教师担任了浦东新区初中数学的学科团队领衔人,在线教学

期间拓展了研究的团队,在区域层面上,与骨干教师们一起研讨关于在线教学的想法并在区域层面进行交流。

> **多样化的在线学习与交流:**
>
> 1.《融合线上线下优势,探寻课堂变革方向——线上教学转线下教学的一点思考》:首先要统整教学资源,改进教与学的关系,其次重构学习空间,丰富教与学的形式,最后完善学习方式,引向深度学习。——南汇二中,严海燕
>
> 2.《从线上教学到线下教学的"有缝衔接"》:要做好从线上教学到线下教学的"有缝衔接",我们不仅要搜集"证据",查漏补缺,而且要线上配角,线下主导,并且还要借助平台,丰富作业,最后做到上下结合,优势互补。只有线上与线下相互融合,才能应万变于不变,才能随时地"修补缝隙",真正做到学习不停,教育不止。——光明学校,倪建红
>
> 3.《立足空中课堂,提高教学效果》:在备课教学中,要突出"四基",考虑"四能",并且在教学中,有意识、有目的地渗透数学思想,加强对学生数学思想方法的培养,实现区教研主题和教学要求。——秋萍学校,杨树芳
>
> 4.《立足空中课堂,用好优质资源》,以专题复习课为例,明确了三个步骤:(1)知识梳理,加深理解,促进记忆;(2)例题巩固,深化思路,灵活运用;(3)借助模型,结合实际,拓展课堂,并且利用空中课堂进行备课,汲取空中课堂的教学设计思路和精华。——新港中学,潘红

线上与线下教学的融合需要寻找到一个切合的点,从线下用好资源的角度来反思线上资源的生成与制作,促进初中数学的教学常规落实,找寻在线教学设计与实施的要素。我们可以从以下角度进行思考:

根据"空中课堂"四种基础课型:新授课、复习课、专题课、讲评课的不同设计,思考新背景下的教学常规,从"双师教学""视频课教学"等角度进行实践与思考。

根据线上与线下教学的相同点确立初中数学课堂设计与实施的关键要素,从不同点探索在线教学方案的制订以及视频课录制的关键要素。

基于教师评价的在线教学设计与实施要素研讨[①]：

1. 总结归纳了在线教学视频课的设计与实施方面的五个"适切"，即内容、难度、结构、媒体、资源组织；并提出创设适量适当的交互机会的想法与建议。

2. 关注到了空中课堂和线下课堂的最大区别在于面对的学生(教学环境)不一样：真实与虚拟；小群体与大群体等。线上教学和线下教学要形成互补，相互借鉴。

3. 通过比对线上线下数学复习课，总结了复习课设计实施的一些要素：回顾概念、方法；重视知识点的联系，构建良好的知识网络；联系实际，关注分析解决问题能力的培养。

4. 从关注数学思想的渗透的角度，从知识的形成过程、问题解决过程中、归纳小结以及结束语等环节，列举了空中课堂设计与实施中对于数学思想渗透的一些做法。

5. 重点在"类比式教学方法"的思考，从一节课的有效使用反思初中阶段适合的数学课，并对其积极意义谈了自己看法。

6. 从线上线下教学的优点、缺点以及比较的角度出发，结合空中课堂的几节课，从设计起点、教学文本设计、教学语言设计等方面提出了她对在线教学设计所关注的几个关键点的思考。

7. 从"产品思维"的角度，提出了关于在线教学设计与实施中用户、痛点、体验与价值的思考。

"云"教研：浦东新区初中教研团队面向全体，拓展市、区、校联结的广度；聚焦重点，挖掘教、研、训一体的深度。通过潜水听课、中心组交流、教师问卷等形式，分类梳理一些疑点、难点、热点问题，带着问题，一起学习新的技术手段获得新的技能、体验、感悟，用专业知识研究新的教学有效的组织形式，总结并回应具有普遍意义和代表性的问题，努力为教师落实现阶段的工作提供有效帮助。

[①] 参与交流发言的老师有：南汇四中胡春波、周浦育才陈琼、傅雷中学徐萍、周浦育才车杨文、周浦实验于澎、康城学校金爱芳、南汇二中严长宜。

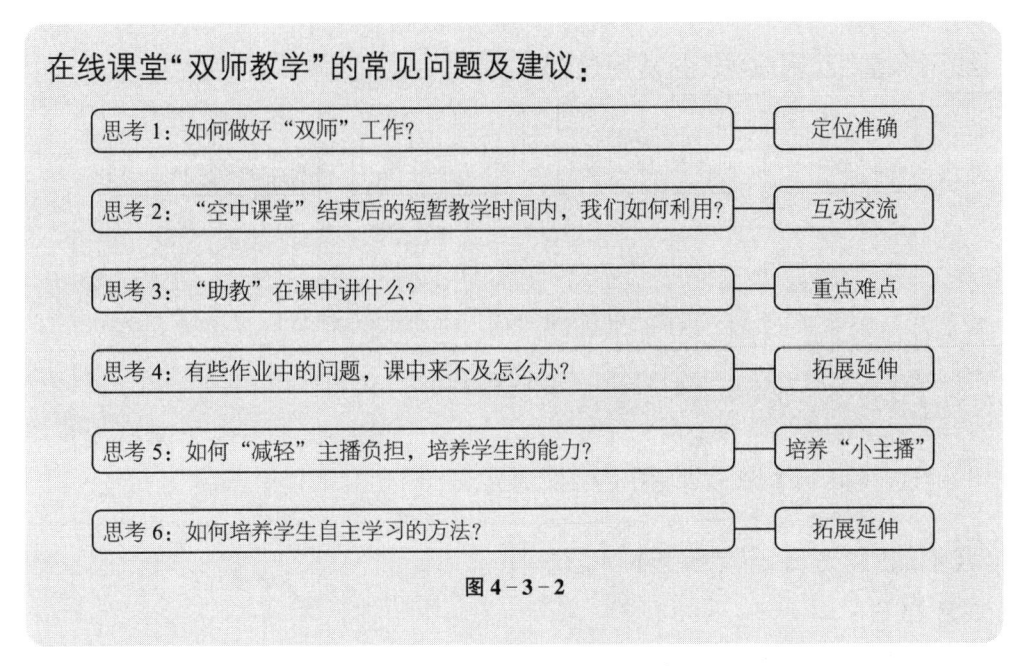

在线课堂"双师教学"的常见问题及建议：

思考问题	建议
思考1：如何做好"双师"工作？	定位准确
思考2："空中课堂"结束后的短暂教学时间内，我们如何利用？	互动交流
思考3："助教"在课中讲什么？	重点难点
思考4：有些作业中的问题，课中来不及怎么办？	拓展延伸
思考5：如何"减轻"主播负担，培养学生的能力？	培养"小主播"
思考6：如何培养学生自主学习的方法？	拓展延伸

图 4-3-2

根据相对集中的问题，我们开展在线教学研讨主题教研。

我们对在线教学期间的教研活动都进行了精心设计：《探索"问题解决"教学，关注学习进程评价》《在线教学背景下的基于单元设计的问题设计与学生学习进程评价设计》《在线教学背景下的案例交流与教学研讨》《"线上教学"与"线下教学"衔接与过渡工作的思考与交流》《基于"混合教学"现状的单元教学设计与改进》等。

线下课堂的一大优势是充分的互动性，经历这一次线上学习的比对，我们应该利用好这一优势，充分挖掘传统课堂的互动功能。利用线上资源引导自学，学生有备而来，教师就有更多时间组织现场互动，引导学生在广度和深度上进行拓展。另外，可根据不同的课型灵活操作，简单的知识点、程序式的练习课，学生通过自学视频就可轻松掌握的，教师通过第二天的随堂检测可以判断学生的学习情况；而概念理解、定理探究等新授课需节选重难点部分在课堂上再现和深入讨论，让学生对所学内容理解得更加透彻。甚至可利用相关平台，让学生针对预习或复习中发现的问题发帖提问，不仅教师可以解答，同学们也可以各抒己见，将线上和线下贯通起来，不受时空限制，激发起学生的探讨热情，从而将学习不断引向深入。

线下课堂"双师教学"的常用过程

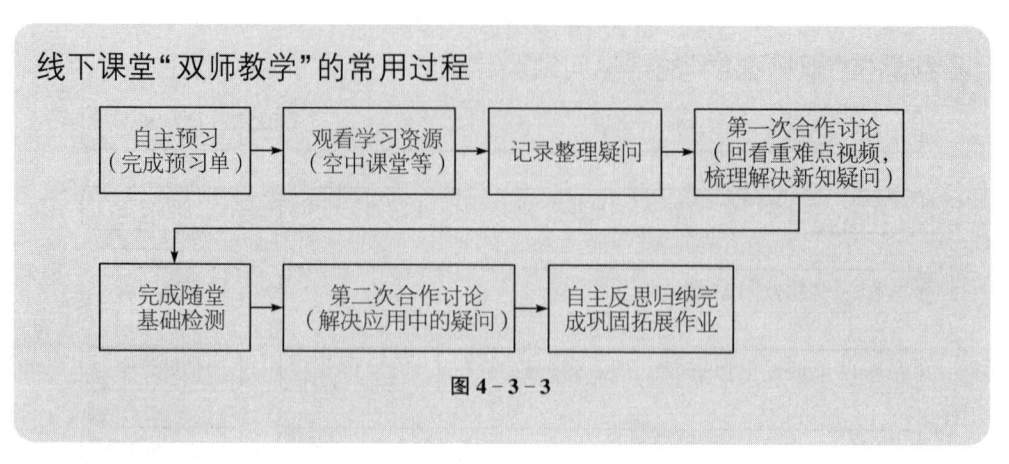

自主预习（完成预习单）→ 观看学习资源（空中课堂等）→ 记录整理疑问 → 第一次合作讨论（回看重难点视频，梳理解决新知疑问）→ 完成随堂基础检测 → 第二次合作讨论（解决应用中的疑问）→ 自主反思归纳完成巩固拓展作业

图 4-3-3

通过"蹲班"了解在线课堂中的真实情况，提出个性化的建议。

我们的"蹲班日记"（节选）

3月13日

周五，空中课堂是没有数学课的，基本上数学教师都不愿意空出这么一天。有的教师在周五的中午加了一节直播课，每周一拓展，将一些拓展研究的问题直接集中在一起，也把作业中的一些易错题汇总在一起进行拓展课的教学。这样做，好的地方是关注到了学生的分层教学，欠缺的地方是学生可能对于问题来不及跟上，所以还是需要一定的提前量，让学生适当地预习，同时也需要加强学生的自主学习。

对于一些比较集中的拓展问题，教师还是需要有一定的资源，这个资源不仅仅是选题，还需要一定的讲解视频、典型做法等，对于学生可能出现的情况也需要有一定的预案。

3月15日

在线教学的第三周，"分化"现象已经开始初显了：在有的班级里，学生可以开着麦随时和教师互动，也能及时地搭上话；在有的班级里，教师还在为谁没有进直播室一个个点名，想让学生回答问题的时候还要线上呼叫，这个现象可以说是意料之中的情况，但是还是应该避免的。

回到在线教学最开始的时候,教师想要提前看到在线课程好提前备课,这点其实已经完全做到了。很多教师确实提前看了市级的在线课程,也进行了提前的备课,不过可能从数学学科的角度,更多的教师关注到的是数学题目,而对于一些过程性的内容显示得不太多。

还是建议教师们要用好以下几点:

1. 学生的积极参与,有教师在建议之下开始采用学生讲题的形式。这样的讲题形式如果之前没有开展过,那么就需要教师做出示范、家长积极配合,通过讲题小视频的录制,有的教师觉得自己平时真的话多了,没有突出重点,学生在家长的指导下进行了录课,把一些问题彻底搞清楚了,还有的学生反复看了讲题的微视频,终于搞明白了一道题。

2. 直播回放与点播,在线教学的一大优势在于资源的循环利用以及自主利用。每个学生的接受能力不同,在有些适当的讲题、分析环节需要留下可以直播回放的记录,让学生有针对性地去回看,这样可以把问题提得清楚明确,讲解清晰到位,是有利于学生的自主学习的。

总的来说,两周过去,很多的教师、学生都已经适应了这样的教学与学习状态,但是每个人都期待回到校园,经过这次在线教学,相信每个人会有那么一点变化,再回到校园,一定会有好的变化,期待!

3月23日

不采用"双师课堂"或者在"空中课堂"之外有班级直播的形式,好像采用得还是比较多的。鉴于数学教师多数是一人担任两个班级的教学工作,因此这样的直播形式多数是两个班级合并在一起进行的。

在实施的过程中,存在的主要问题是时间与学生都不太好控制。今天的两节直播课时间都超过了一个小时,差不多是平时线下教学两节课连堂的时间,因为教师讲得比较多。在互动环节,还是比较简单的让学生提交答案,也仅限于选择题和答案比较好输入的填空或者简答题。教师很难看出学生的思维过程,而在实际课堂中学生这样提交答案的比例并不高。同时,因为学生需要连麦后才能回答问题,参与互动,就造成中间的人为"卡顿"时间比较长,连贯性不好。因此,我们在学科的思维性上可能还需要进一步寻找合适的方法。

直播课堂也有一定的优势。在全员直播结束后,部分学生可以自愿留下连麦,问老师问题,教师在线做出回应。教师也注重在个别辅导环节引导学生自己提出问题、在书本中寻找答案,这样对于个别学生问题的及时解决是非常好的。

在线教学进入第四周,"两极分化"的情况日益凸显,设计有效的可以让学生多参与的学科相关活动是很必要的。

在有些班级中,教师持续开展学生讲题视频的录制工作,得到了很多家长的配合,学生也有收获。效果已经开始逐渐显示出来,希望有更多的教师、学生尝试这样的方法。

4月26日

之前我参与过很多教师的课题,今天忍不住又回去看了一次。因为数学课的时间是差不多同时的,所以在几个班级里看了一下,各个年级都有,正好八年级有三位教师同时在讲一道题,时间上还略有错开,所以就进行了一下比较。

第一,看一下相同题目解答的不同呈现:

1位教师用直接画图分析的形式进行过程性的讲解,最后显示汇总后的情况;

1位教师用几何画板显示运动的过程进行分析讲解,同时书写各种不同的情况;

1位教师直接利用学生的解题结果截图后逐一呈现并分析讲解。

三位教师恰好选用了三种不同的模式:第一位教师的分析是"不动"的,因为是软件的限制没有办法有动态的效果,第二位教师用的软件恰好弥补了这一点,第三位教师在直播开始后经常使用学生的解题、作业作为上课讲解的资源,并且标记上学生的姓名,这点对学生来说是很有激励作用的。

第二,需要比较的是语言,三位教师有一个共同的特点是对结论的呈现特别清晰,但是在分析的过程中还是略有差异的。在小群内提出讨论问题:"怎么区分三种情况,怎么由剪想到不同的情况,大家还可以讨论探究一下。"有教师就进行了分析,从角的概念出发,结合长方形的特征进行分类的分析:多边形中相邻两条边组成一个角,要剪去这个角,除这个角的顶点外,可以选择一边的任意位置为起点,另一边的任意位置为终点。

> 4月26日是全员"在线直播""双师课堂"的最后一天！整整八周！今天我进了曾经听过课的还能进入的班级,没有说"你好",不用说"再见",八周以来看到了你们的付出与蜕变！各位老师们,辛苦啦!

线下与线上课堂的同师、同课异构。19.2 证明举例(3)是八年级第一学期一个课时的几何学习内容,在2020年暑假期间完成了"空中课堂"视频课的录制与审核,在同年的11月份,录制这节课的梅隽婕老师在自己的班级上了一节同课题的线下课,作为浦东新区第十一届教学展示周的一节课,同时也作为线下与线上课堂教学研讨的一个案例:

线上线下教学设计与实施的比较探索——以 19.2 证明举例(3) 为例[①]

无论是线上教学还是线下教学,教师都必须认真钻研教材、学习教参。认真备课是上好一堂课的前提。

(一)教学目标

1. 经历证明有关直线平行、线段相等的实践活动,进一步获得演绎证明的体验,掌握规范表达的格式;知道分析证题思路的基本方法。

2. 通过证明有关直线平行、线段相等的简单问题,进一步熟悉演绎推理的方法和规范表达,体会理性思维的精神,发展逻辑思维能力。

3. 通过合作、讨论、交流,增强探索研究的内部动机。

可以看到目标3,在线上教学中是很难实现的,线上教学,以教师讲授为主,很难组织学生通过合作、交流的方式,达成情感态度价值观的目标。

(二)教学重难点

教学重点是一堂课必须解决的关键性问题,着重指导学生必须熟练掌握。在学习中,学生易产生的困难和障碍,也是我们要帮助学生解决的困难。重难点无论是线上还是线下教学,基本都应该是一致的。以本节课为例:

重点:进一步获得演绎证明的体验;初步掌握利用平行线的判定、全等三角形的性质来证明两条直线平行和两条线段相等。

难点:分析问题、探索证题思路。

[①] 教学设计、实施与反思来自上海市建平实验中学,梅隽婕。

（三）教学方法

线上教学,以教师讲授为主,要在有限的教学时间内,做到重点突出,要重视数学思想方法的渗透。讲解到位,解题步骤等要规范,无法预留充分的时间供学生活动并及时做出评价。

线下教学,教师可以根据学生的特点,设计一系列学生活动,可以教师讲授、学生回答,也可以学生合作讨论、交流展示等,以学生为主,更多一些自主学习。

我们从本节展示课中可以看到,例题1中以教师为主,引导学生分析问题,并示范规范的解题步骤。例题2中以学生回答为主,教师适时加以肯定或者纠正。巩固练习部分则以学生合作讨论、展示交流的形式开展活动。

（四）教学过程

线上教学,预设为主,师生交流单向,学生活动不可见,重在信息传递准备。

线下教学,关注生成,交流面对面,学生活动可见,重在即时信息的反馈与反思。在学习了证明举例(1)和(2)后,学生已经对如何分析证明思路和证明方法有了初步的掌握,那么在证明举例(3)中,我们完全可以尝试放手,让学生来分析证明思路以及证明过程,教师只需要根据实际情况作适当的指导和纠正即可,真正做到以学生为主体,把课堂还给学生。

我们从本节展示课中可以看到,例题1中教师占主导地位;例题2中师生合作一起完成,而巩固练习部分,则教师基本上完全放手,学生主导。

可以看到,无论是线上还是线下,有无学生活动,我们都是在落实分析证题思路的方法:"由因导果""执果索因""两头凑"。同时,演绎证明的规范书写也是我们的教学重点。毋庸置疑,能正确划分逻辑段,清晰地指出每一段的因和果,提升逻辑思维能力,这些都是我们在教学中的共同目标。

线下教学,师生的面对面交流的优势是线上教学不可替代的。学生通过回答问题还能不断获得语言表达上的经验,在学习过程中,通过合作讨论、展示交流的方式,也获得了更多情感体验。而实际在线下课堂教学中,生成的资源可能更多,教师根据实际情况把控节奏开展教学,并解决学生生成的问题。有时候,我们会发现,学生提出的问题或者生成的资源对教师而言也是非常值得学习的,正所谓教学相长。

线上教学也有诸多有利之处。比如：不受地域限制，师生在家就可以完成教学任务；线上教学模式又丰富了教师和学生的教与学的模式；可以利用多媒体优势，录制过程中，可以准备一些更直观更具体更形象化的资源，帮助学生理解知识，有利于提高学习质量；对于学生而言，更可以把视频课作为很好的复习资源，同时也可以根据自己的实际理解情况，调整进度快慢，随时选择暂停、回放等功能，有利于学生对知识点的理解和掌握。

但线上教学无法实时掌握学生的听课状态，学生在听课过程中所产生的问题也无法得到及时的反馈，没有课堂资源的生成，教师只是按备课时的预设，把一节课上完，并不能及时解决学生听课时可能产生的新的问题。这更需要我们线上教学时，立足教材，充分备课，抓住重点，结合自己以往的教学经验，从学生角度思考每个教学环节、每个教学任务，时刻考虑学生的接受情况。教师在进行教学设计时，要考虑到大部分学生，确保基础，把学生可能遇到的问题尽可能在教师讲解时覆盖掉。这对教师也提出了更高的要求。

对学生而言，课前的自主预习尤为重要，探索自主学习的方法，逐步养成自主学习的习惯。课前预习，做到心中有数，有利于养成自学习惯和提高自学能力。

不能否认的是，线上教学是线下教学的有力的补充，教师可以更好地利用线上教学的方式，扬长避短，让线上和线下教学相辅相成。

第四节　基于问题与情景的多样化教学

教学是一个教学相长的过程，放开手，给学生一个规范，放手让学生去探究，教师也能够在这个过程中学到很多。

案例一：为什么在圆的内接长方形中正方形的面积最大？

六年级有关几何的问题基本上都是直观几何，不必做一些烦琐的逻辑性很强的证明。在讲到有关组合图形的面积计算时，一些图形的等积变形需要说明一定的原因，虽然有的非常简单与直观，但有一点是要向学生说明的，不能仅仅停留在"眼见"，而应该更多地考虑到说理的正确性。因此，在有的问题中，只要学生提及，教师就尽可能地让学生应用自己的各方面能力来加以解决，而对于一些规范数学用语，教师在课堂上要保证自己的正确性而不必去强求学生。

在解决有关圆柱体的问题时,学生遇到了这样一个问题:把一根直径是 3 厘米、高是 5 厘米的圆柱形木料,削成一个体积最大的长方体,求长方体的体积。

有的学生很快就得到了结果,也有的学生觉得无从入手,有的学生就说,很简单的一个问题,只要把圆柱体切成底面是正方形的长方体就可以了,这时,绝大多数的学生就开始埋头计算。这时,我问了一句:"真的没有问题了吗?好好想一想,有没有?"可能是受了我问问题的影响,一个学生小声地问了一句:"为什么底面是正方形时体积最大?"

"这么简单的问题……"

"因为底面是正方形时,长方体的底面积最大。"一个学生得意地大声回答。

"谢谢你把问题简化了,但问题解决了吗?"教师在边上"点"了一下。

…………

"要不要回家想一想?明天准备汇报一下。"

一群孩子猛点头。

第二天,汇报开始:

报告一:长方形的周长是定值时,当它是正方形时面积最大。

疑问:周长为什么是定值?

回答:……

结果:失败。

报告二:利用勾股定理(约有一半的学生已经自学了勾股定理),已经知道:圆内长方形与正方形的对角线都是圆的直径,长方形的相邻两边、正方形的相邻两边都与圆的直径构成直角三角形(如图 4-4-1 所示),可以设:圆的直径为 d,正方形的边长为 a,长方形的长与宽分别为 b 和 c,

利用勾股定理可得:$a^2+a^2=d^2$;
$$b^2+c^2=d^2,$$
$$\therefore 2a^2=b^2+c^2。$$
……

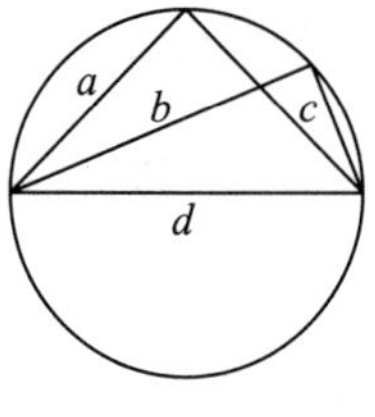

还是不能解决。

图 4-4-1

"我很遗憾,你做的准备工作非常好,如果再加上一点你就成功了,等我们会用那一点的时候,再来继续解决这个问题,谢谢你。"

报告三:首先可以说明,两条互相垂直的直径的四个端点连起来可以得到一个正方形,还有就是,圆内长方形与正方形的对角线都是圆的直径,正方形就是长方形的一种。

在解决这个问题时,我们可以先考虑一个半圆中的直角三角形(边画图,边说明)。如果半圆中的直角三角形面积最大,那么将这个图形转180°后得到的长方形的面积也最大。(我补充:绕圆心旋转180°)

在半圆中,将直径作为一个直角三角形的一边,求面积时看成底边,直角三角形顶点在圆上动,可以作无数高,只有当高为半径时,三角形的面积最大,此时,恰好是正方形(如图4-4-2所示)。

学生们的反应:太绝了!

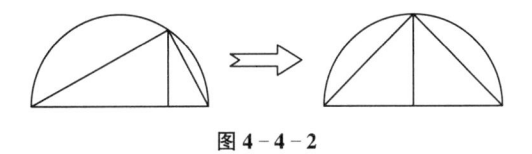

图4-4-2

"来,我们鼓掌为他的精彩汇报表示感谢。"

虽然这个问题的解决从证明的严密性角度可能还不够完美,但是从中体现出的转化与图形运动的思想可能会对学生今后的几何学习带来很多有利因素,而且教师也没有再次重复的必要了,同时也鼓励学生要从已有的知识中想出解决问题的最佳方案。

案例二:为什么$0.\dot{9}=1$?

有的时候,在备课的时候想到的一些问题,认为学生受学习基础的限制,不一定会想到,就把一些相关信息放在了授课的内容以外,希望等以后时机成熟时再创造机会进行深入的讲解。而在实际的课堂中,由于学生思维的开拓性,往往会"带"出一些问题来,教师就要适时地将一些课本以外的内容引入课堂。在讲述"分数与小数互化"的内容时,学生就"带"出了一个问题:"为什么$0.\dot{9}=1$?"

课堂上经过学习与讨论得出这样一个结论:每个分数都能化成小数,有的是有限小数,有的是循环小数,反过来,小数也能化成分数。在书本上出现了有限小数化分数的方法,马上就有同学问:那循环小数化分数怎么化呢?

马上就有学生说知道,然后以 $0.\dot{3}$ 化分数为例:$0.\dot{3}=\dfrac{3}{9}=\dfrac{1}{3}$。

这也反映了部分学生的个性特点,有比较强的记忆能力,对于一些基本公式的记忆确实所花费的重复记忆的时间相对比较短。

下面的学生一下子问题多了起来,有的说那 $0.1\dot{3}$ 怎么化?有的问为什么这么化?

这时有学生嘀咕了一句:那 $0.\dot{9}$ 等于什么?不会就是等于1吧?

这些问题其实当时我就可以解答,但让学生自己去思考一下可能会有意想不到的效果,于是让学生着重以"为什么 $0.\dot{9}=1$?"作为问题加以思考,回家后可以通过各种途径想办法加以解决。

第二天,课堂上,许多同学跃跃欲试,答出了许多的方法。有的说,不知道为什么,只知道应该用极限的方法解决;有的说,可以看成等比数列求和来解决。这些同学也说明是问了家长的,只知道 $0.\dot{9}$ 确实等于1。但也有的学生有不同的意见,不理解为什么 $0.\dot{9}=1$,还认为这是个错误的观点。

这时候,有一个同学说,我可以用上一次的一种方法来解决这个问题。于是我请他上讲台来板演一下:

设 $0.\dot{9}=a$,则 $10a=9.\dot{9}$,所以 $10a-a=9.\dot{9}-0.\dot{9}$,所以 $9a=9$,所以 $a=1$,即 $0.\dot{9}=1$。

这样的方法学生们一致认为可以理解,这时候,再让同学解决这样两个问题:①纯循环小数怎样化成小数,如 $0.\dot{3}$;②混循环小数怎样化成小数,如 $0.1\dot{3}$,为什么?

接下来,学生用这种方法很快就把以上两个问题解决了,同时也对原先机械记忆的公式、方法有了形成过程上的认识,加强了理解,也体验到了公式归纳的过程。

【解读】 这个过程发生在 2001 年的数学课堂上,那时候一期课改的教材中还没有这个问题,在新教材中已经直接出现在书本上了。

弗赖登塔尔说:数学教学方法的核心是学生的"再创造"。

所谓"再创造"的教学原理,就是要求课程设计者和教师,不是将数学当作一个现成的体系来教,而应当在教学中充分注意,让学生通过再创造的过程来学习数学。

学生的再创造不一定等同于历史上数学家的原创,它是在学生现有的概念、知识、符号体系等文化前提下的模拟性的创造。

教师要精心安排,选择适当的课题,在客观条件允许的情况下,尽可能让每个学生都获得较多的机会,经历再创造的过程,以取得数学知识创造的亲身体验。

本案例涉及的问题是一个逻辑体系中很重要的一环,教师创设适当的情境,可以帮助学生利用已有的知识来解决新的问题,这也是一种有效的创造。

【后续】无限循环小数与分数的互化

执教:陆行南校 刘伟军

教学背景:

本课时是上教版六年级第一学期第二章《分数》的拓展内容,本章介绍了分数化成小数的方法,而学生在小学阶段也已经具备了将有限小数化成分数的能力。本拓展内容旨在激发学生探索新知的兴趣,促进一部分学有余力的学生进一步钻研。但作为分数小数互化的一种延续,并且考虑到数学知识结构的完整性和系统性,把本节课的拓展内容作为常规课显得非常有必要。

设计说明:

为了学生能更好地理解无限循环小数化成分数的方法,并鉴于学生知识上的局限性,本节课借用了等比数列求和的错项求和法的思想加以说明,形式上学生较易接受,但严格的推理需要在今后具备了极限知识之后才能加以完善。

通过本节课的学习,学生能更清晰地认识到分数与小数表现形式上的不同而实质上的统一,为下一学期有理数的学习和理解打好基础。

课题:无限循环小数与分数的互化

教学目标:

1. 掌握循环小数化分数的求法,会使用结论将循环小数化成分数;

2. 类比等比数列求和的方法,感受循环小数化分数的思想;

3. 经历探索循环小数化为分数的方法,获得成功的体验,感受方程、类比、归纳的数学思想。

教学重点:

熟练使用结论化无限循环小数为分数。

教学难点:

类比分析、归纳总结出循环小数化成分数的方法。

教学过程:

引出问题

我们已经学习过如何将分数化成小数,其结果有哪两种情况?

情况一:除尽——有限小数;

情况二:除不尽——无限循环小数。

那么如何将循环小数化成分数呢?

探究问题

1 引例:求 2+4+8+16+32+64+128+256+512 的值。

分析:观察数列的特征,前后两数的比值固定——等比数列,若对于整个式子乘以或者除以它们之间的倍数关系,则相当于把每个数前移或者后移一个位置。

(板书介绍错项求和的方法:)

解:设 x = 2+4+8+16+32+64+128+256+512 ①,

则 $2x$ = 4+8+16+32+64+128+256+512+1 024 ②.

②-①得 x = 1 024-2,

x = 1 022.

注:x 前所乘系数为数列的公比。

2 纯循环小数化成分数

思考:如何将 $0.\dot{1}$ 化成分数?

提示:可将 $0.\dot{1}$ 想象成是一等比数列。

$0.\dot{1}$ = 0.1+0.01+0.001+0.000 1+……

学生尝试利用错项求和法化成分数。

板书:设 x = $0.\dot{1}$,则 $10x$ = $1.\dot{1}$.

所以 $9x$ = 1.

得 $x = \dfrac{1}{9}$.

即 $0.\dot{1}=\dfrac{1}{9}$.

练习:试将以下小数化成分数:$0.\dot{5},0.\dot{7},0.\dot{3},0.\dot{1}\dot{3},0.\dot{2}\dot{1}$.

学生归纳总结:对于纯循环小数,循环节有几位,就在分母上添几个9,并将循环节数字添在分子上,能约分的要约分。

3 混循环小数化成分数

若学生对于纯循环小数化成分数的方法理解掌握得较好,则引导学生自行探究：试将 $0.0\dot{1}$ 化成分数.

由上例思考易得 $0.0\dot{1}=\dfrac{1}{90}$.

观察:$0.000\dot{1},0.0\dot{1}\dot{3},0.00\dot{2}\dot{1}$ 化成分数的结果,尝试归纳其结果的特征。

结论: 对于除循环节以外小数部分都是零的循环小数,可通过对小数点的移位转化成纯循环小数。

例题:将 $0.3\dot{1}$ 化成分数.

解:$0.3\dot{1}=0.3+0.0\dot{1}$

$\qquad = 0.3+\dfrac{1}{90}$

$\qquad = \dfrac{3}{10}+\dfrac{1}{90}$

$\qquad = \dfrac{3\times 9}{90}+\dfrac{1}{90}$

$\qquad = \dfrac{28}{90}$

$\qquad = \dfrac{14}{45}.$

练习:试将 $0.1\dot{5},0.2\dot{7},0.1\dot{2}\dot{3},0.5\dot{1}\dot{3},0.17\dot{2}\dot{1}$ 化成分数.

观察:在不约分的状态下所得分数与原小数之间的关系.

结论: 对于混循环小数,循环节有几位,就在分母上先添几个9,小数部分中不循环的小数有几位,就在9后面添上几个0,分子用所有的小数部分减去非循环节的小数部分。

引导理解：$0.a\dot{1} = 0.\dot{a} + 0.0\dot{1}$

$= 0.\dot{a} + \dfrac{1}{90}$

$= \dfrac{a}{10} + \dfrac{1}{90}$

$= \dfrac{a \times 9}{90} + \dfrac{1}{90}$

$= \dfrac{a \times (10-1)}{90} + \dfrac{1}{90}$

$= \dfrac{10a - a}{90} + \dfrac{1}{90}$

$= \dfrac{(10a+1) - a}{90}.$

其中：$10a+1$ 为整个小数部分，a 即非循环小数部分。

4 灵活运用：

试将下列分数化成小数：

$\dfrac{1}{9}, \dfrac{19}{99}, \dfrac{2}{3}, \dfrac{5}{11}, \dfrac{19}{90}, \dfrac{19}{33}.$

课堂小结

学生自主小结。

作业

1. 同桌两位同学将学号写在小数部分位置，任意加上循环节符号，并将所写的小数化成分数。

2. 试将所有分母为 7 的真分数化成小数，你将发现一个有趣的结果。

案例三：领略自然的数学之美

2010年,世博会在上海举行,那年的8月,有关部门组织了"世博一课"的评比,以下是在世博园的英国馆现场录制的一节课,现在看来,这节课应该也算是"空中课堂"了。

场景一：英国馆

地点：露天广场

谈起英国,人们的印象里总是会浮现出一个戴着礼帽、拄着拐杖、抽着雪茄的优雅老派绅士形象,这让很多人理所当然地认为,应该在英国馆的公园里悠闲地享用传统的下午茶。

然而,年轻的英国设计师赫斯维克试图颠覆这一传统形象,用一个长着6万根"触角"的方盒子,让数以万计的种子来"讲故事",将一个富有创造力的英国展示在观众面前。

走进英国馆6 000平方米的场地,最吸引观众眼球的就是位于一角的20米高的圆角立方体,它就像一个巨大的六层楼方盒子,也是英国馆最主要的展示空间。

英国馆最大的创意在于,它浑身长满了60 686根"触角"。事实上,这些触角都是由透明的亚克力杆构成,是经过特殊处理的有机玻璃,它们被均匀地插在英国馆的外墙上,仿佛是从建筑物本身生长出来的一样。它有一个可爱的中国昵称"蒲公英"。

英国馆钢结构的外部,包裹着一层木制的外壳,上面遍布着圆孔,每个圆孔倾斜的角度都各不相同,6万根"触角"就被固定在这些圆孔中,向不同的方向伸展着。每根"触角"的长度在7.5米左右,大部分露在展馆外面,这些"触角"具有一定的柔软度,因此在"触角"的下端用铝管来进行支撑,而"触角"的上端则会随风轻轻地舞动。

这些"触角"是透明亚克力杆,从内部向外延伸,这些透明亚克力杆具有节能的效果,白天室外光线充足的情况下,光线会透过光纤照亮"种子圣殿"内部,以减少人工照明。而到了晚上,内部的人工光源又能由内而外点亮整个建筑。"就这个角度而言,它是一个会呼吸的建筑,或许你也可以称之为活着的雕塑。"

英国馆主体建筑的外围,有一个足球场大小的露天广场,它被别出心裁地设计为"一张拆开的包装纸"的样子,寓意是英国人民将"种子圣殿"作为礼物送给上海世博会。

想象一下你打开包装纸看见神秘礼物那一刻的惊喜吧。当英国馆的神秘面纱在你面前揭开,随着"触角"的摇摆,会感觉似乎整个展馆都在飘动,整个建筑仿佛具有生命力。令人惊艳的设计会颠覆你对英国的传统印象:没有沉闷,没有枯燥,完全是一座充满创新力的"活"的建筑。

"包装纸"的四个角配合主题,都是被掀起的样子,而它们临空的部分正好可以为观众提供遮风避雨的去处。中间软草做的地面感觉非常柔软,人们可以坐下来,甚至躺在上面。有趣的是,设计师并没有在这上面设计道路,他们认为走的人多了,自然就有了路。届时,或许参观者在不经意间匆匆走过的同时,也会成为一条路的历史铺建者。

场景二:"种子圣殿"

地点:绿色城市、户外城市

在"绿色城市",绘有英国四大都市——贝尔法斯特、卡迪夫、伦敦和爱丁堡——的绿色地图,当城市建筑和街道被抹掉后,这些地图中剩下的是这四大城市中大片的绿色区域和茂盛苍翠的城市景观。

在"户外城市",头顶上倒悬着一座微缩版的典型英国城市。更奇妙的体验莫过于光雨,它模仿伦敦潮湿多雨的天气,从中走过时,光波将像水滴一样落下、溅开。

从维多利亚时代开始,英国人对大自然就有异乎寻常的热爱。英国在将绿地和水景融入城市方面历史悠久——从公园、私家花园到湖泊、喷泉、河流、运河以及池塘应有尽有。英国温和的气候滋养出苍翠繁茂的城市美景,城市史上第一个公共公园1840年出现在英国德比郡,它诞生的目的就是体现人类对于自然的珍视。时至今日,伦敦也是世界上人均绿化率最高的城市之一。伦敦塔桥、大本钟、伦敦眼、巨石阵和威斯敏斯特……或许这些已足够吸引人们对于英国的向往,在此基础上,本次上海世博会英国馆同样希望着力展示出一个充满绿色的全新形象。

地点:种子圣殿

进入英国馆内部。这里,6万根触角在内部呈现的会是一个蝴蝶的形状,而且在触角内还另有玄机:每根亚克力杆里都放置了形状、种类各异的种子,令英国馆成了一座壮观的"种子圣殿"。

尽管"种子圣殿"被不少人誉为"创意之馆",但英国馆的设计师却认为这是一座"非常严肃的建筑",他们希望人们心怀敬畏,沉思冥想,庆祝人类和自然的和谐相处,这就是这个建筑也被称为"种子圣殿"的原因。

事实上,"种子圣殿"构思,是英国人植物爱好的"经典传统"。早在维多利亚时代,1759年,英皇乔治三世奥格斯汀公主的私人皇家植物园建成,并诞生了以植物研究为主的自然博物学。1840年,英国人又在德比郡建立了第一个世界城市公共公园。20世纪90年代,英国人再次率先启动了人类历史上最大的"千年种子银行"。从理论上讲,种子的最长保存期可以达到200年。英国基尤千年种子银行自设立以来,已经收集并储存了世界上10%的开花植物的花粉或者种子,种类达到约3万个。建立种子银行的目的就是为多种植物提供一个安全的储存环境,以避免它们从地球上灭绝。这些种子均被储存在温度为零下20°左右的地下室内,以保证其活性和新鲜程度,常人根本没机会看到。

在"种子圣殿"的6万多根亚克力光纤的每一根根部都放着一颗或者几颗由英国皇家植物园和昆明植物研究所合作的"基尤千年种子银行"提供的种子,我们可以在展馆内近距离观察它们。

赫斯维克表示,用亚克力杆作为种子的容器,灵感来源于电影《侏罗纪公园》里那颗包裹着蚊子的琥珀,"我觉得,我们也可以用一个透明的东西来包裹种子,就像琥珀包裹着蚊子一样,其中包含的是一种对新生命的渴望。"

这是一个很好的创意,是一个对大自然对生命充满了敬畏的作品。

种子代表了大自然最原始、最宝贵的生命力。

更令人欣慰的是,这些放在亚克力杆里的种子,绝大多数在世博会结束后将依然存活。在上海世博会结束后,这6万根装有种子的亚克力杆将被切割保留下来,在英国和中国的一些学校和公园组成景观,其中相当一部分将留在中国的学校里。

环境保护,珍惜生命,珍爱地球,这就是种子圣殿想告诉我们的东西。

地点:"活力城市"

人类很早就从植物中看到了数学特征:花瓣对称地排列在花托边缘,整个花朵几乎完美无缺地呈现出辐射对称形状,叶子沿着植物茎秆相互叠起,有些植物的种子是圆的,有些呈刺状,有些则是轻巧的伞状……所有这一切都向我们展示了许多美丽的数学模式。

尽管植物姿态万千,但无论是花、叶还是枝的分布都是十分对称、均衡和协调的。碧桃、蜡梅,它们的花都以五瓣数组成对称的辐射图案;向日葵花盘上果实的排列,菠萝果实的分块以及冬小麦不断长出的分蘖,则是以对称螺旋的形式在空间展开。许许多多的花几乎是完美无缺地表现出对称的形式。还有树木,有的呈塔状,有的为优美的圆锥形……植物形态的空间结构,既包含着生物美,也包含着数学美。

创立坐标法的著名数学家笛卡尔,根据他所研究的一簇花瓣和叶形曲线特征,列出了 $x^3+y^3-3axy=0$ 的方程式,这就是现代数学中有名的"笛卡尔叶线"(或者叫"叶形线"),数学家还为它取了一个诗意的名字:茉莉花瓣曲线。

后来,科学家又发现,植物的花瓣、萼片、果实的数目以及其他方面的特征,都非常吻合于一个奇特的数列——著名的斐波那契数列:1、2、3、5、8、13、21、34、55、89……其中,从 3 开始,每一个数字都是前二项之和。

一般认为斐波那契数列的提出是基于兔子的繁殖问题:如果一开始有一对兔子,它们每月生育一对兔子,小兔在出生后一个月又开始生育且繁殖情况与最初的那对兔子一样,那么一年后有多少对兔子?

答案是,每月兔子的总数可以用以下数列表示:1,1,2,3,5,8,13,21,34,55,89,144,233……。这一数列是意大利数论家列奥纳多·斐波那契在他 13 世纪初的著作中最早提出的。如果取数列前两个元素为 1,那么递推关系就是:

$$F_{n+2}=F_n+F_{n+1},(F_1=1,F_2=1,n\in \mathbf{N}^*)$$

这一数列看起来相当简单,但却隐藏着一些有趣的东西。

斐波那契数经常与花瓣的数目相结合:

3　　　　　百合和蝴蝶花

5　　　　　蓝花楼斗菜、金凤花、飞燕草

8　　　　　翠雀花

13　　　　金盏草

21　　　　紫菀

34,55,89　雏菊

自然界中的斐波那契数列最典型的例子就是以斐波那契螺旋方式排列的花序或树叶。蓟、菊花、向日葵、松果、菠萝……都是按这种方式生长的。

向日葵种子的排列方式,就是一种典型的数学模式。仔细观察向日葵花盘,你会发现两组螺旋线,一组按顺时针方向盘绕,另一组则按逆时针方向盘绕,并且彼此相嵌。虽然不同的向日葵品种中,种子顺、逆时针方向和螺旋线的数量有所不同,但往往不会超出 34 和 55、55 和 89 或者 89 和 144 这三组数字,每组数字都是斐波那契数列中相邻的两个数。前一个数字是顺时针盘绕的线数,后一个是逆时针盘绕的线数。

雏菊的花盘也有类似的数学模式,只不过数字略小一些。菠萝果实上的菱形鳞片,一行行排列起来,8 行向左倾斜,13 行向右倾斜。挪威云杉的球果在一个方向上有 3 行鳞片,在另一个方向上有 5 行鳞片。常见的落叶松是一种针叶树,其松果上的鳞片在两个方向上各排成 5 行和 8 行,美国松的松果鳞片则在两个方向上各排成 3 行和 5 行……

仙人掌的结构中有这一数列的特征。研究人员分析了仙人掌的形状、叶片厚度和一系列控制仙人掌情况的各种因素,发现仙人掌的斐波那契数列结构特征能让仙人掌最大限度地减少能量消耗,适应其在干旱沙漠中的生长环境。

树的分枝:如果 1 棵树每年都在生长,第 2 年有 2 个分枝,通常第 3 年就有 3 个分枝,第 4 年有 5 个,第 5 年有 8 个……每年的分枝数都是斐波那契数。

斐波那契数还可以在植物的叶、枝、茎等排列中发现。例如,在树木的枝干上选一片叶子,记其为数 0,然后依序点数叶子(假定没有折损),直到到达与那些叶子正对的位置,则其间的叶子数多半是斐波那契数。叶子从一个位置到达下一个正对的位置称为一个循回。叶子在一个循回中旋转的圈数也是斐波那契数。在一个循回中叶子数与叶子旋转圈数的比称为叶序(源自希腊词,意即叶子的排列)比。多数的叶序比呈现为斐波那契数的比。

如此的原因很简单:这样的布局能使植物的生长疏密得当、最充分地利用阳光和空气,所以很多植物都在亿万年的进化过程中演变成了如今的模样。当然受气候或病虫害的影响,真实的植物往往没有完美的斐波那契螺旋。

如果是遗传决定了花朵的花瓣数和松果的鳞片数,那么为什么斐波那契数列会与此如此巧合?到目前为止最好的解释是 1992 年由两位法国数学家伊夫·库代和斯特凡尼·杜阿迪提出来的。他们证明,斐波那契数列使花朵顶端的种子数最多。向日葵等植物在生长过程中,只有选择这种数学模式,花盘上种子的分布才最为有效,花盘也变得最坚实壮实,产生后代的概率也最高。这也是动植物在大自然中长期适应和进化的结果。因为植物所显示的数学特征是植物生长在动态过程中必然会产生的结果,它受到数学规律的严格约束,换句话说,植物离不开斐波那契数列,就像盐的晶体必然具有立方体的形状一样。由于该数列中的数值越靠后越大,因此两个相邻的数字之商将越来越接近 0.618 034 这个值。例如 $\frac{34}{55}$ = 0.618 2,已经与之接近,这个比值的准确极限是"黄金数"。

数学中,还有一个被称为黄金角的数值是 137.5°,这是圆的黄金分割的张角,更精确的值应该是 137.50776°。与黄金数一样,黄金角同样受到植物的青睐。车前草是常见的一种小草,轮生的叶片间的夹角正好是 137.5°,按照这一角度排列的叶片,能很好地镶嵌而又互不重叠。这是植物采光面积最大的排列方式,每片叶子都可以最大限度地获得阳光,从而有效地提高植物光合作用的效率。建筑师们参照车前草叶片排列的数学模型,设计出了新颖的螺旋式高楼,最佳的采光效果使得高楼的每个房间都很明亮。英国科学家沃格尔用大小相同的许多圆点代表向日葵花盘中的种子,根据斐波那契数列的规则,尽可能紧密地将这些圆点挤压在一起,他用计算机模拟向日葵的结果显示,若发散角小于 137.5°,那么花盘上就会出现间隙,且只能看到一组螺旋线;若发散角大于 137.5°,花盘上也会出现间隙,而此时又会看到另一组螺旋线,只有当发散角等于黄金角时,花盘上才呈现彼此紧密镶合的两组螺旋线。

我国的西安地区有一种常见的小草叫作车前草。它的叶片间的夹角是 137.5°,与数学中的黄金角的数值吻合。车前草叶片的这一角度,能保证每片叶子可以最大限度地获得阳光,有效地提高植物光合作用的效率。建筑师们参照车前草叶片排列的数学模式,设计出了新颖的螺旋式高楼,最佳采光效果使得高楼的每个房间都很明亮。

罗马花椰菜是一种可食用的花椰菜,16 世纪发现于意大利。这种花椰菜长相特别,花球表面由许多螺旋形的小花所组成,小花以花球中心为对称轴成对排列。罗马花椰菜的神奇在于其规则和独特的外形,已经成为著名的几何模型。罗马花椰菜以一种特定的指数式螺旋结构生长,而且所有部位都是相似体,这与传统几何中不规则碎片形所包含的简单数学原理相似。罗马花椰菜有着规则和严密的数学模型,因此吸引了无数的数学家和物理学家加以研究。

透过繁茂的枝叶,我们看到了绿色世界里的数学奇观。若进一步了解其中的奥秘,进行仿生,则会给人类带来无穷的益处。

当你仔细地观察之后,你应该同意伽利略的观点:"大自然这本书是用数学语言来书写的。"如果你将来想要研究大自然,那么你也需要学好数学。马克思说过:一门科学只有成功地运用数学时,才算达到了完善的地步。

古希腊人相信,自然是按照理性设计的。理性的精髓是数学,因此毕达哥拉斯认为,宇宙是以数学方式设计和运行的。

人类对自然和生命的关注,通常体现在两个方面:构成世间万物的本质是什么以及如何去认识和探寻这种本质。任何事物都有质和量两个方面,质与量相互作用促进事物的运动和发展。生命现象是客观世界的一种重要存在方式,生物系统是关乎人类自身的重要物质系统。在地球生物圈中，某种生物的存在方式和生存规律依然可分解为质和量两个方面，所以生命的运动和发展也一定遵照某种数学方式进行，生命的本质最终也一定是体现在数学规律的构成上的。可以断言，数学不仅能提升生命科学研究，使生命科学成为理论和定量科学，而且是揭示生命奥秘的必由之路，没有数学就不能彻底揭示生命本质。

主要参考文献

[1] 格兰特·威金斯,杰伊·麦克泰格.追求理解的教学设计(第二版)[M].上海:华东师范大学出版社,2017.3.

[2] 格兰特·威金斯,杰伊·麦克泰格.理解为先模式——单元教学设计指南[M].福州:福建教育出版社,2018.1.

[3] 章建跃.数学教育随想录[M].杭州:浙江教育出版社,2017.8.

[4] 徐淀芳,刘达.初中数学单元教学设计指南[M].北京:人民教育出版社,2018.7.

[5] 钟启泉.学会"单元设计"[N].中国教育报,2015-06-12(9).

[6] 章建跃.基于数学整体性的单元教学设计(之一)[J].中小学数学(高中版),2020(2).

[7] 刘达.例谈对初中数学主题教研活动的思考与实践[J].上海课程教学研究,2016(11):19-28.

[8] 上海市教育委员会教学研究室.初中作业设计与实施指导手册[M].上海:华东师范大学出版社,2019.1.

[9] 黄华,刘达,姚剑强,章敏.践行渐近:上海市中小学数学学科课改30年[M].上海:华东师范大学出版社,2018.12.

[10] 上海市中小学课程改革委员会办公室.上海"二期课改"初中数学教材专题研究报告汇编[M].上海:上海教育出版社,2015.4.

[11] 温·哈伦.以大概念理念进行科学教育[M].北京:科学普及出版社,2016.

[12] 道格拉斯·费希尔,南希·弗雷.扶放有度实施优质教学[M].福州:福建教育出版社,2019.

[13] 季洪旭.单元教学探索:基于理解的逆向教学设计案例[M].上海:华东师范大学出版社,2019.12.

[14] 沈子兴.基于核心素养培育的数学教学设计[M].上海:华东师范大学出版社,2020.5.

[15] 顾跃平,鲁海燕.初中数学作业的评价、设计与实施[M].桂林:广西师范大学出版社,2019.6.

[16] 约翰·库奇,贾森·汤,栗浩洋.学习的升级[M].杭州:浙江人民出版社,2019.5.

[17] 潘小梅.初中数学教学研究入门36问[M].杭州:浙江大学出版社,2017.12.

[18] 宋秋前,齐晶莹,岳超楠.初中课堂教学现状分析与优化策略[M].杭州:浙江大学出版社,2012.1.

[19] 任升录,黄根初.数学作业的设计与评价[M].上海:华东师范大学出版社,2009.12.

[20] 刘徽,徐玲玲.大概念和大概念教学[J].环球教育时讯,2020(4).

[21] 滕梅芳,刘徽,蒋昕昀.大概念教学准备阶段的活动设计[J].环球教育时讯,2020(4).

[22] 朱一军,权南南."培训、研究、实践"三位一体引领教师教育技术能力的发展[J].大连教育学院学报,2011-09.

后 记

第一届教师节，还是小学生的我，设计了一个名为"假如我是老师"的主题班会，这个主题班会获了奖，我也在无意中开启了自己作为一个教师的时空之旅。

一路走来，做教师、做教研员，我很高兴我选择了自己喜欢而且愿意去做的一件事。

刚做教研员的时候，听课、评课是基本要求，怎样的课堂是好的课堂呢？好的课堂是让每个学生和教师都有收获的课堂。随着听课笔记本的一本本累加，总感觉需要留下些什么，好的经验、案例应该发挥出更大的作用，慢慢也就有了一点想法。

在实践中积累下来的教学经验就是需要先搭建起知识体系脚手架，需要充分尊重学生的已有认知，所以我选择了单元教学这个主题进行研究与实践。单元教学的研究尚处于早期，基本上没有可以参考的现成资源，就完全依靠教学的实践，慢慢地积累。

一直在做教研，有一段时间处于输出大于输入的状态，希望能够有及时地"补给"，学习是需要有动力和伙伴的，浦东新区教育工会的"悦·行"社团给了志同道合的小伙伴们学习的机会与动力，借这个机会，领衔了"行动 π"初中数学的阅读小组，读书、思考、交流、实践、反思，不仅仅有了"补给"，也促进了输出。2018 年以"单元教学"为关键词的区级课题立项，课题组的成员基本都参与了"行动 π"初中数学阅读小组，2021 年顺利结题。

书看多了，也萌发了做个总结的念头，在课题研究的同时，着手整理了一些案例、文章，一直想做一本可以不逐字逐句"啃"的书，清晰的逻辑架构加上充足的案例，可以直击重点内容，因为一些特殊的情况，停滞了一段时间，中间也"插播"了一些其他的研究实践，幸好，有朋友们的督促，虽然目标的达成度不够，最终产品顺利完成。

伴随着新课标、新课程的落地，又有很多新的想法，"行动 π"还将继续。

徐 颖

2022 年 9 月